KB023534

센언니,
못된 여자,
잘난 사람

센언니,
못된 여자,
잘난 사람

글로리아 스타이넘, 삶과 사랑과 저항을 말하다

글로리아 스타이넘 지음 | **서맨사 디온 베이커** 그림 | **노지양** 옮김

학고재

THE TRUTH WILL SET YOU FREE,
BUT FIRST IT WILL PISS YOU OFF!

에이미 리처즈에게,
당신의 영민한 지성이 없었다면
이 책은 존재하지 않았을 것입니다.

차례

일상의 시를 만나다

시와 저널리즘 사이 어딘가에 격언이라는 마법의 땅이 있다고 생각한다. 이 격언은 사실일 수도 환상일 수도 있고, 개인적일 수도 정치적일 수도 있으며, 학문적일 수도 생활에서 왔을 수도 있으나 공통점은 영리해서 뇌리에 남고 짧아서 외우기 쉽다는 것이다.

수많은 격언이나 속담은 곧 일상의 시다.

짧은 문장이 이야기를 품으면 두고두고 음미할 시 한 수가 된다. 문장에 물을 주면 풍성한 이야기로 자라난다. 미국 원주민 속담이 떠오른다. "사실을 말해주면 잊어버리지만 이야기를 들려주면 언제나 기억한다."

인상적인 문장 하나는 다양한 이야기를 불러와 오래오래 우리 곁에 머문다.

예를 들어보자. "진리는 너희를 자유롭게 하리라"는 성경에서 예수가 한 말이고 여기서 진리란 하나님의 말씀을 가리킨다. 같은 인용구를 학교에서는 "지식이 정신을 자유롭게 한다"고 말한다. 베트남전쟁 중 청년들이 시위 팻말에 쓴 이 문구에는 전쟁의 진실이 밝혀져 징집에서 벗어나기를 바라는 마음이 담겨 있었다.

나는 이 문장 다음에 이렇게 덧붙였다. "그러나 먼저 진리는 너를 분노케 하리라." 당시 우리가 잘못된 전쟁의 잘못된 진영에 있다고 확신했기 때문이다.

너무 과격하게 느껴지는가. 내가 아는 이야기를 들려주고 싶다.

대학 졸업 후 몇 년간 인도에서 살았다. 당시 우리의 정적이었던 베트남의 호치민이 실은 굉장히 존경받는 민족운동 지도자이며, 그가 베트남을 식민화한 프랑스를 몰아내기 위해 모범으로 삼은 건 미국독립혁명이었음을 알게 되었다. 그는 제이차세계대전 중 정글에서 목숨을 걸고 미 공군 비행사들을 구출했고, 독립선언문 전문을 낭독하여 그들을 감동시키기도 했다.

우리가 적으로 몰아가는 사람도 실은 우리와 같은 인간

이다. 나는 이를 밝히고자 호치민에 대해 조사를 하고 에세이를 써서 발표했다. 안타깝게도 그 에세이는 여론에 아무런 영향을 미치지 못하고 묻혀버렸다. 호치민에 대해 알면 알수록 호치민을 좋아할 수밖에 없었던 참전군인들 또한 워싱턴에 가서 호소를 했다. 그러나 그들의 발언 역시 아무런 사회적 반향을 일으키지 못했다.

생각할수록 분통이 터졌고 마치 나만 다른 평행 우주에 사는 것처럼 무력한 기분에 빠졌다. 나는 개인 게시판에 이렇게 올렸다. "고립이란, 나의 조국이 전쟁을 하고 있는데 상대 국가가 이기길 바라는 것."

얼마 뒤 베트남전쟁의 숨겨진 진실이 폭로되기 시작했다. 미국 정부는 숫자를 조작해 미군의 희생자 수는 줄이고 베트남군의 사망자 수를 늘려 미국이 우세한 것처럼 혹세무민했다. 전쟁이 끝나기 전 수십만 미국 젊은이가 전쟁터에서 소중한 목숨을 잃었고, 고국에 돌아와서도 고엽제와 전쟁이 남긴 트라우마로 고통받았다. 베트남에서는 군인은 물론이고 북부와 남부의 민간인이 수없이 학살되었다.

반전시위가 걷잡을 수 없이 커지자 린든 존슨 대통령은 백기를 들었고 리처드 닉슨 대통령이 퇴각을 명령했다. 베트남전쟁은 미국이라는 초강대국이 처음으로 패배한 전쟁이 되었다.

반전운동은 외부 세계의 변화를 이끌어냈을 뿐만 아니라 사람들의 생각과 행동에도 영향을 미쳤다. 많은 여성들이 반전운동을 조직하면서 인권운동에도 앞장서고 핵실험에도 반대했다. 그러는 사이 여성들은 서서히 사회에 영향력을 행사할 수 있다는 사실을 체감했다. 더 좋은 사회를 만들기 위한 운동에서도 여성은 남성과 동등하게 대우받지 못한다는 뼈아픈 사실 또한 배워야 했다.

여성들은 분노했다. 화가 나서 참을 수 없었다. 그때부터 거침없는 페미니스트 슬로건들이 등장했다. 아무도 관심을 보이지 않을 거라 생각했던 수많은 페미니스트 슬로건이 우리의 티셔츠에, 광고판에, 대학 캠퍼스에, 건물 벽에 나타나기 시작했다.

알코올중독자 모임에서도 이 문장이 인용되었다. "진리는 당신을 자유롭게 하리라, 그러나 먼저 당신을 비참하게 하리라." 서로 어떤 관련이 있을까? 나도 잘 모르겠다.

이 경구를 처음 만들어낸 사람으로 호명되는 건 언제나 영광스럽다. 그 의미를 설명할 기회가 주어져 또한 감사하다. 그러나 이 문장의 저작권을 주장하는 건 그리 중요한 문제는 아니다. 우리 모두의 집단무의식이 이 문장의 탄생에 기여했기 때문이다.

수십 년 전 반전운동과 여성운동에서 처음 사용된 이 문구는 지금까지도 조금씩 변형되어 포스터에 쓰이고, 트럭 문에 페인트칠 되고, 시위 장소나 인터넷, 때로는 자수나 타투에도 등장한다. 비극 속에서 우리는 이렇게 말하기도 한다. "진리는 너를 자유롭게 하리라. 그러나 먼저 너를 애통하게 하리라."

이 서문을 쓰기 직전에 나는 샌프란시스코의 유서 깊은 카스트로 극장에서 예술가이자 사회운동가인 파비아나 로드리게스Favianna Rodriguez와 함께 강연을 했다. 우리 둘 중 누가 강연 중에 이 문구를 또다시 인용했는지는 기억나지 않지만, 강연이 끝나고 히잡을 쓴 젊은 여성이 다가와서는 이 문장을 가장 좋아한다고 말했다. 페르시아어와 쿠르드어로 번역하여 이란의 페미니스트 블로그에 올렸다고 했다. 왜 그랬을까? 이 문구가 이란 여성들의 삶에도 그대로 적용되었기 때문이다.

이 문장이 이렇게까지 오래 살아남아 세상 곳곳에 퍼질

거라고 그 누가 예상했을까? 말의 힘이 얼마나 강력한지 새삼 깨닫는다.

인터넷이 발명되기 이전에도 간결하고 강렬한 문장은 순식간에 퍼져나갔다. 50여 년 전 시몬 드 보부아르와 프랑스 여성들은 당시 불법인 낙태 경험을 쓴 호소문을 만들어 낙태죄 폐지를 요구했다. "나는 낙태를 한 적이 있다." 우리도 그 호소문을 모방하여 미국 여성 수백 명의 서명을 받아 잡지 『미즈Ms.』 창간호에 실었다. 이렇게 호소력 있는 문장에 개인적인 고백이 더해지면서 어마어마한 반향을 불러일으켰다.

10여 년 전, 성폭력을 당한 적 있던 타라나 버크Tarana Burke가 성폭력으로 고통받던 어린 소녀를 상담하다가 자신 또한 성폭력을 당한 경험이 있음을 전하기 위해 이렇게 말했다. "미 투Me too." 여성들이 단순하기 그지없는 단어들을 조합한 이 문구를 가져와 소셜미디어에 자신의 경험을 털어놓기 시작했다.

할리우드의 여배우들이 일어났다. 하루아침에 경력을 무너뜨릴 수도 있는 남자에게 치욕적인 성희롱을 당한 경험을 들고 나와서 선언했다. "타임즈 업Time's up!" 이들의 진실

고백은 거센 파도가 되어 전국을 뒤흔들었다. 농장 노동자와 레스토랑 직원, 학생, 체조 선수 등 각계각층의 여성들이 참았던 목소리를 터뜨렸다.

"미 투"와 "타임즈 업!" 운동은 전 세계로 빠르게 퍼져나갔다. 인도의 볼리우드 업계*, 서울, 런던, 나이로비의 학생과 노동자들이 자리에서 일어나 울분을 터트렸다. 이렇게 문구 하나가 공감대를 형성하고 강력한 힘이 되어 변화의 길을 인도하는 이유는 이 문구 안에 개인적인 이야기가 무수히 담겨 있기 때문이다.

어떤 면에서 문장이나 문구를 전달하는 행위는 병에 편지를 넣어 넓은 바다에 띄우는 일과 같다. 누가 당신의 언어를 발견할지 모른다. 혹은 당신이 찾아낸 말을 누가 처음 했거나 썼는지도 모른다. 하지만 그 경구들은 수많은 사람들의 일기 첫 문장으로 등장한다. 그 정직한 언어로 우리의 일기는 비로소 완전해진다.

---

* 뭄바이의 옛 지명인 봄베이와 할리우드의 합성어. 1896년 뭄바이에서 시작된 볼리우드에서는 현재 연 1,000여 편의 영화가 제작되고 있다.

* * *

때로는 패배가 승리보다 더 값진 교훈을 주기도 한다. 2016
년 우리가 뽑지 않은 대통령이 백악관을 차지한 뜻하지 않
은 재앙 앞에서 이 사회의 뿌리 깊은 인종주의와 소득 불평
등 문제를 직시했다.

그리고 우리는 상대가 쓰는 방식을 답습하지 않고 승리
하는 법을 배우는 중이기도 하다. 적절한 시기에 적절한 경
구를 만들어내는 사람에게 수여하는 노벨상이 있다면 그
상은 전 국민 앞에서 이렇게 말한 미셸 오바마에게 돌아가
야 할 것이다. "그들이 저급하게 가도 우리는 품위 있게 갑
시다." 우리는 상대편을 똑같이 따라하는 방식으로 이기지
는 않을 것이다.

우리는 또한 승리 이후에 절체절명의 위기가 찾아올 수
있음을 배운다. 예컨대 평화운동이 베트남전쟁을 종식시
켰고 인권운동, 여권운동, 게이, 레즈비언, 트랜스젠더, 환
경운동은 대다수 시민들의 의식을 바꾸었다. 그러나 그렇
지 못한 대략 3분의 1정도의 시민들은 어릴 때부터 당연
하게 여겼던 위계질서가 흔들리고 있다고 느낀다. 남성은

여성에게, 사람들은 자연에게, 유일신 종교는 영성에게, 이성애자는 다른 모든 형태의 사랑에게 자리를 빼앗겼다고 생각한다.

전국을 돌며 강연을 하다보면 이렇게 말하는 백인 중년 남성들을 자주 만난다. "흑인 여성들이 내 일자리를 빼앗아 갔단 말입니다." 나는 항상 같은 대답을 준비했다가 답한다. "애초에 그 일이 당신 것이라고 누가 그러던가요?" 문제는 현실이 아니라 그의 특권 의식이다.

그럼에도 우리는 진보를 찬양하느라 초기 다수가 소수가 되었을 때의 위험을 인지하지 못할 때가 많다. 그런 예는 무수히 많다.

대표적으로, 흑인을 대상으로 한 린치는 노예제 시기가 아니라 노예해방 이후 급증했다. 백인 인종주의자들이 흑인에게 투표권과 경제권이 생길까 두려워했기 때문이다. 남북전쟁은 노예제를 폐기했으나 인종주의의 무시무시한 힘마저 좌절시키지는 못했다.

또 하나의 예가 있다. 제이차세계대전 전까지만 해도 미국정부가 교외 주택 부엌에서 식사를 준비하는 백인 여성을 찬양하는 홍보 영상을 만들지는 않았다. 무기 공장에서 일하거나 경제적 주체로 살던 여성들은 전쟁이 끝나기가 무섭게 남자들에게 일자리를 내주고 가정으로 돌아가야 했다. 대신 가정주부로 끊임없이 물건을 사들이면서 교외의 라이프 스타일을 즐기는 풀타임 소비자가 되었다. 전시에 여성이 가졌던 경제력은 다시 남성이 독점했다.

마찬가지로 낙태가 불법이었을 때도 낙태를 한 여성이 목숨까지 위협받지는 않았다. 하지만 현재 텍사스, 오하이오 등 미국의 여러 주에서는 여성들의 자신의 몸에 대한 권리를 다시 빼앗으려 하고 있다. 낙태한 여성을 사형시키는 법안, 낙태 시술을 한 의사는 면허를 취소하거나 교도소에 보내는 법안을 밀어붙이고 있다. 너무 극단적이라 통과되지는 않았다. 그러나 태아가 자궁 밖에서 생존할 수 있는 24주 이후가 아니라, 태아의 심장박동이 감지되는 6주 이후에는 임신중절을 금지한다는 소위 '심장박동 법안'으로 낙태를 범죄로 규정하고 여성과 의사를 모두 처벌하려 하고 있다. 여성의 신체와 의료 행위를 정부의 강압적인 통제 안에 밀어넣고 있다. 그럼에도 불구하고, 실제 각 주에서 이런 법이 통과되고 있으니 개탄할 노릇이다.

이러한 역풍은 국가의 다수 인종이 백인에서 유색인으

우리에겐 연대만 있고 계급은 없다.

로 옮겨가는 급격한 변화 앞에서 더욱 심각해지고 있다. 이미 백인이 미국의 18세 이하 세대에서는 "소수 인종"이 되었다. 식민지 시대를 지나 인종차별 시대를 지나 새로운 시대로 옮겨가는 데 매우 긍정적인 현상이라 할 수 있다. 그러나 인종주의자와 반이민 추종자들은 극렬하게 저항한다. 백인 우월주의와 반페미니즘이 얼마나 뿌리 깊은지는 이른바 "교체 이론*"에서 볼 수 있다. 백인 인종주의자들은

---

* 유럽 조상의 백인 인구가 흑인이나 라티노 이민자들에 의해 교체되고 있다는 인종주의적 주장

백인 여성들에게 아기를 더 많이 낳으라고 설득하고 보상을 약속하고 그것도 안 되면 강요를 한다. 인종주의는 낙태 반대 운동의 강력한 동기이기도 하다.

1960년대부터 시작하여 다수 시민의 의식을 바꾼 사회 정의 운동에는 언제나 역풍이 따랐다. 여러 설문 조사를 보면 현재 대부분의 미국인들은 인종, 성별, 민족, 성적 지향 등으로 인간을 판단하는 편견에 기초한 법을 지지하지 않는다. 우리는 서로를 고유한 개인이자 보편적인 인간으로 보기 시작했다. 이 책에도 실린 경구로 표현해보자면, "우리에겐 연대만 있고 계급은 없다we are linked, not ranked."

우리는 승리를 자축한다. 그러나 동시에 주의해야 한다.

폭력부터 민주주의까지 모든 것의 원천이 가정이듯, 내가 말하고자 하는 교훈도 가정에서 배울 수 있다. 폭력적인 가정에서 살아가는 여성에게 가장 위험한 기간은 탈출 직전과 직후로, 바로 이 시기에 신체적 폭력을 당하거나 심하면 살해당할 확률이 가장 높다. 왜 그럴까? 그 여성이 통제에서 벗어나려 하기 때문이다. 오랜 고초 끝에 비로소 자유로워지기 직전이기 때문이다.

현재 대다수의 사람들이 인종과 성별 내 오래된 위계질

서에서 탈출하고 있다. 여기엔 두 가지 의미가 있다.

첫째, 우리는 위험을 인지하고 서로를 돌보아야 한다.

둘째, 우리가 폭력 가정을 탈출한 여성에게 다시 돌아가라고 절대 말하지 않는 것처럼 우리는 과거로 돌아가지 않을 것이다.

우리는 아마 진정 자유로워지기 직전일 것이다.

· · ·

세월이 흐르면서 그 효과를 잃는 경구들도 있는데 나는 이러한 변화를 성장이라고 부르고 싶다. 예전에 나는 "성찰만 하는 삶은 가치가 없다"라고 말하곤 했다. 소크라테스가 재판을 받을 때 했던 "성찰하지 않는 삶은 살아갈 가치가 없다"는 말을 변형한 문장이다.

그렇게 말한 이유는 나는 평생을 활동가로 살겠다고 다소 거만하게 자신했기 때문이다. 하지만 내가 선택하지 않은 어린 시절과 성장 과정이 소위 내가 선택한 성인기에 자석처럼 달라붙어 있다는 사실을 인정하지 못하고 한 말이다.

초년기의 패턴이라는 자석에서 벗어나지 못하면 실제로는 당신의 선택이 아닌 선택을 하게 된다. 소크라테스는 너무도 옳은 말을 했다.

또한 나는 노숙자 할머니가 될지도 모른다는 아주 깊은, 근거가 아주 없지는 않은 공포를 갖고 있었다. 프리랜서로 일했고 평생 저축이라곤 하지 않았기 때문이다. 이렇게 말하면서 나의 공포를 다스렸다. "내가 노숙자가 되면 나는 여성 노숙자 연맹을 만들어야지. 다른 삶과 특별히 다르지 않을 거야."

하지만 진짜 여성 노숙자들을 만나보고 나서야 이 생각이 얼마나 비현실적인지 알았다. 그들은 분명 자기만의 방을 갖고 싶어 했고, 거리가 노숙자 쉼터보다 그나마 덜 위험하기 때문에 거리를 선호한 것이었다.

쉰 살이 넘어 생전 처음으로 저축을 하면서 여자 노숙자가 된다는 상상은 서서히 거두었다. 여행에서 돌아와 짐을 풀고 그 짐을 다시 내 아파트의 일부로 만들었다. 이 세상에 나만의 집을 만든 것이다.

내가 지난 몇 년 동안 사용하지 않은 문장이 하나 더 있다. "남자들은 신중해야 할 것이다. 왜냐면 남편이 먼저 죽는 것만이 여성이 힘을 얻을 유일한 길일 수도 있으니까."
실제로 한때는 여성이 힘을 얻는 유일한 길이 남편을 먼저 떠나보내는 일이었다. 조지프 매카시를 무너뜨리고 영웅이 된 마거릿 체이스 스미스Margaret Chase Smith 전 상원 의원*도 남편의 자리를 물려받았다. 다행히 이제 새로운 시대에는 여성도 인맥에 상관없이 독자적인 힘을 가질 수 있게 되었다.

• • •

여러분이 나의 연설, 기사, 책에서 따온 문장들, 그리고 내 친구들이 남긴 명문에 공감하고 용기를 얻기를 바란다. 여러분이 주장을 펼칠 때 도움이 될 만할 경구들, 힘들 때 위로가 되고 필요할 때 영감이 되고 가끔은 그저 읽고 미소 지을 수 있는 격언들을 발견하길 바란다.

　이 책의 말미에는 자신만의 문장이나 외우고 싶은 인용구를 메모할 수 있는 공간을 만들어두었다.

---

* 미국의 첫 여성 상원의원이자 상/하원 의원을 모두 재임한 최초 여성. 1940년 남편의 사망과 함께 남편의 의원직을 계승했다.

나에게 좋은 문장을 만들어내는 일은 마치 모두가 아이디어를 찾는 잡지 편집회의 시간과도 같다. 단어들이 공기 사이를 떠다니다가 "바로 그거야" 하는 순간에 밀도 높은 문구나 문장으로 완성된다.

내가 생각하는 천국은 바로 잡지 편집회의 시간이고, 우리가 잡지 기획 회의를 같이 하고 있다고 상상하며 페이지를 채웠다.

잊지 못하는 문장이 그 이야기의 정수이다. 우리에겐 우리의 생각, 정의, 분노, 인간애, 희망, 웃음, 배움을 전달할 이야기들이 필요하다. 그 이야기로 인해 우리는 이해하고 이해받는다.

우리는 각자 자신의 이야기를 할 언어가 필요하다. 이 작은 책에서 여러분의 이야기를 밝혀줄 소중한 언어들을 조금이라도 찾을 수 있길 진심으로 소망한다.

The Truth Will Set You Free,
But First It Will Piss You Off!

Chapter 1

타고난 가족, 선택한 가족

우리 각자는 수천 년 동안 한 번도 일어난 적 없고 앞으로도 다시 일어날 수 없는 방식으로 유전과 환경이 결합된 유일무이한 결과이다. 그렇기에 가정은 우리를 유일한 개인으로 바라보고 받아주는 곳이어야 한다. 우리를 있는 그대로 인정하고 사랑한다면 생물학적 가족이건 입양으로 이루어진 가족이건, 구성원이 한 명이건 여러 명이건 상관없다.

어떤 아이도 완전한 백지 상태로 이 세상에 오지 않는다. 가족이란 우리가 갖고 태어난 본래 모습이 되도록 옆에서 도와주는 사람들이다. 그러나 아직도 너무나 많은 가정에서 아이를 백지 상태로 보고 어른인 부모가 자녀라는 백지에 자신들의 희망과 좌절된 꿈을 담을 수 있을 거라 여긴다.

가족을 정원이라 생각해보면 어떨까. 내가 장미와 백합이 핀 정원에 도착한 피튜니아라면, 내가 피튜니아임을 알아보고 그 본래의 모습대로 피어나도록 도와줄 친구, 이웃, 선생님 또는 할머니가 필요할 것이다. 혹여 그렇지 못하더라도 언제나 희망은 있다. 시인 앨리스 워커Alice Walker가 노래하지 않던가, "이 꽃의 본성은 꽃을 피우는 것이다"라고.*

타고난 가족 즉 생물학적 가족은 가족을 양육할 뿐만 아니라 가족이 아니었다면 결코 만나거나 받아들여지지 않았을, 때로는 좋아하지도 않았을 구성원들과 함께 산다. 페미니즘 이론가이자 철학자 도러시 디너스틴Dorothy Dinnerstein은 생물학적 가족의 가장 중요한 목적은 나와 맞지 않는 사람일지라도 그 사람에 대해 알고 귀히 여기고 깊이 사랑하는 것이라고 했다. 디너스틴의 지적대로 서로의 다름을 받아들이고 사랑하는 법을 배우는 것은 인류의 미래를 위해서 반드시 필요하다. 가족들 내 차이가 매우 중요한 목적을 가

---

* 앨리스 워커의 시 '혁명적인 피튜니아'에서

지고 있음을 깨닫는 것도 큰 위안이 된다.

인간은 성장하는 동안 누군가에게 의존해야 하는 시간이 다른 어떤 동물보다 길다. 그것은 우리의 매우 복잡한 두뇌가 여러 해에 걸쳐서 수억 개의 신경세포를 추가하기 때문이다.

긴 성장 기간의 장점은 이 길고 긴 과정 동안 우리 두뇌가 거의 모든 환경에 적응할 수 있는 힘을 키우고, 그 힘 덕분에 우리 종이 살아남는다는 것이다. 단점은 이 과정 때문에 우리가 주변 환경에 쉽게 휩쓸린다는 점이다. 사랑이 부족한 환경에도, 나를 받아들이지 않는 현실에도 적응하게 된다. 특히 어릴 때는 극도로 민감해 강요된 것이든 상식적인 것이든 무엇이든 흡수한다.

어릴 때 우리가 얼마나 연약한 존재였는지를 떠올려보자. 어떤 환경에서 어떻게 자랐는지에 따라 우리는 달라진다. 피가 섞인 가족 사이에서 살건 입양아로 살건, 가난한 집에 살건 고급 주택에 살건, 싱글 맘과 살건 두 명의 아버지와 살건 상관없이 아이는 뼛속 깊이 안다: 누가 주로 말하고 누가 주로 듣나? 누가 주장하고 누가 양보하나? 누가 컴퓨터 앞에 앉아 있고 누가 부엌에 있나? 누가 가족의 자랑이고 누가 없는 사람 취급을 받나? 누가 걱정을 끼치고 누가 희망이 되나? 사회에서 성별과 인종 평등을 아무리 설교해도 가정에서 실천하지 않으면 평등을 이룰 수 없다. 그들이 가르치는 건 말과 행동이 달라도 된다는 위선일 뿐이다.

한편, 선택한 가족이란 나의 희망과 관심사를 공유하고 지지하는 사람들을 말한다. 우리는 친구와 학교 동창과 직장 동료와 연인과 파트너가 필요하고, 직접 그들을 선택한다. 이유는 단순하다. 우리가 사회적 동물이기 때문이다. 우리는 오랜 시간 홀로 있으면 불안해지고 뭔가 잘못된 게 아닌가 생각하게 된다. 내가 선택한 가족은 일주일에 한 번씩 점심을 먹는 사람들일 수도, 같은 사무실을 쓰는 동료들일 수도, 급진적인 페미니스트 모임일 수도 있다. 내가 신뢰할 수 있고, 나를 이해하고, 각자의 목표에 다가가도록 서로 지원해주고 축하해줄 사람들이면 된다. 이들이 우리가 선택한 가족이다.

인류 역사가 시작된 이래 사람들은 캠프파이어에 둘러앉아 다른 이들의 이야기를 듣고 배우고 자신의 이야기를 털어놓곤 했다. 서로의 가치와 희망을 공유하는 선택한 가족이 없다면 우리는 쉽게 고독해지고 패배감에 빠지게 된다.

민주주의가 왜 우리의 원가족에서 시작해야 하는지는 쉽게 이해할 수 있다. 그러나 정치인이건 철학자건 자신의 뿌리인 가족 안에서 자신의 생각을 키워가는 사람은 의외로 찾아보기 어렵다. 집 밖에서는 성평등을 열렬히 지지하는 사람이 집에 들어오기만 하면 자신의 이론을 망각하는 것만 같다. 여자는 모든 가사와 육아를 도맡고, 남자는 재정을 책임질 수도 있고 그렇지 않을 수도 있다는 사실을 당연히 받아들이거나 입 다물기도 한다. 공과 사를 나눈다는 명분 아래 민주주의를 마치 뿌리가 없는 나무처럼 말한다. 그렇지 않다. 민주주의는 나무이고 가정은 그 뿌리이다.

나는 민주주의를 반대하는 사람들이 훨씬 더 영리한 건 아닐까 두렵다. 그들은 일단 여성이 스스로 임신과 출산을 통제하는 걸 반대하며 적극적으로 이론을 설파한다. 여성의 출산 결정 능력이 건강, 교육 수준, 직업 유무 그리고 수명까지 좌우하는 인생의 가장 큰 요인이라는 걸 그들은 안다. 많은 이들이 부러워하는 직업을 가지고 활발하게 사회활동을 하는 여성도 가부장적인 가족으로 들어가면 권위주의라는 소우주에서 옴짝달싹하지 못한다.

가부장제가 정치적으로 얼마나 중요한지를 아돌프 히틀

러보다 더 명징하게 설명한 이는 없을 것이다. 그는 『나의 고백』에서 이렇게 경고한다. "국가에 건강한 아이를 낳아주는 일을 회피하는 건 마땅히 비난받을 만한 행위다." 그가 가장 먼저 실행한 정책은 가족계획 클리닉을 폐쇄하고 낙태를 국가를 상대로 한 범죄로 선포한 것이다. 임신을 중단한 여성을 교도소에 보내거나 강제 노동을 시키고 그 뒤에 임신을 강제했다. 낙태 시술을 한 의사는 사형에 처했다.

바깥세상의 불평등을 타파하고 싶다면 먼저 가정에서부터 시작해야 한다. 남성에게 일어난 일은 정치적이기에 변혁과 진보가 가능하고, 여성에게 일어난 일은 문화와 관련이 더 크기에 변화가 어렵다는 낡은 개념을 버려야 한다.

초창기 페미니스트인 로빈 모건Robin Morgan, 슐라미스 파이어스톤Shulamith Firestone, 퍼트리샤 마이나디Pat Mainardi*는 일찍부터 "여성의 삶은 정치적이다"라는 명제를 주장했고, 시인인 로빈 모건은 이 개념을 가장 단순하고도 명쾌한 인용구로 요약했다. "개인적인 것이 정치적인 것이다." 이보다 더 심오하고 다수의 생각을 깨우는 문구가 있을까?

---

* 슐라미스는 『성의 변증법』을, 퍼트리샤는 유럽 문화 연구자이며 여성학자로 1970년대에 '가사 노동의 정치학'이라는 수필을 썼다.

개인적인 것이 정치적인 것이다.

이 여성 페미니스트들이 활동한 지도 50여 년이 지났다. 이제 여성의 변화를 반대하는 사람들조차도 여성의 지위는 정치적이고 변화무쌍한 것으로 이해하고 있다. "개인적인 것이 정치적인 것이다"란 용어는 모든 사람에게 익숙한 일상용어가 되었다.

사회운동은 선택한 가족이며 단지 스케일이 더 커졌을 뿐이다. 우리를 성장하게 하고 변화하게 하는 데 다양한 사람이 필요한 만큼 다양한 사회운동이 필요하다. 내가 원하

Revolutions, like trees, Grow from the bottom up.

혁명은 나무처럼 바닥에서부터 위로 자란다.

는 목적이 있다면 그 목적을 구현할 도구가 있어야 한다.

예컨대 나는 각각의 도시에, 수많은 나라에, 전 세계에 페미니스트 운동이 없다는 건 상상조차 할 수 없다. 페미니즘 운동은 우리를 보호하고 교육하고 사상과 지식을 공유하고 우리가 넘어질 때 일으켜주고 같은 뜻을 가진 이들과 전 세계 네트워크를 맺어주고, 패배하면 재정비하게 하고 승리하면 함께 춤추게 한다.

실제로 생물학적 가족과 선택한 가족은 원인과 결과로 연결되고 사회운동의 변화와 전 세계의 변화도 마찬가지다.

밸러리 허드슨Valerie Hudson과 몇몇 학자는 전 세계 수백 국가의 폭력을 연구하여 『섹스와 세계 평화』라는 책을 발간했다. 거리 폭력에서부터 다른 나라에 대한 군사 폭력까지 포함하여 한 국가가 폭력적인지 아닌지를 가늠하는 결정적인 변수는 가정 폭력이었다. 빈곤도 아니고, 천연 자원 유무도 아니고, 민주주의의 발전 수준도 아닌 여성을 대상으로 한 폭력이 다른 모든 폭력의 지표이자 축소판이다.

그 폭력은 남성이 여성의 출산 권리, 다시 말해 남성이 여성의 몸을 통제하면서 시작한다. 인구의 절반은 여성이다. 나머지 절반인 남성이 여성을 다스리려면 폭력과 위협을 수반할 수밖에 없다. 남성 우월주의 문화는 우리 삶에서 통제와 폭력은 피할 수 없는 것이라고, 자연스러운 현상이라고 믿게 만든다.

그러나 아주 오래전에 이 지구에는 지금과는 다른 세상이 있었고, 지금도 있다. 테러리스트 집단의 극단적인 성별 양극화도 있지만, 스웨덴이나 인도 남부의 케랄라 같은, 더 평화롭고 민주적인 나라나 집단 안에는 가변적이고 유연한 성별 역할이 존재한다. 성별 양극화가 덜한 문화일수록 폭력 빈도는 낮고 민주주의 수준은 높다.

늘 그렇듯이, 모든 것은 나무처럼 자란다, 바닥에서부터 위로.

A nomad follows the
seasons and the animals,
taking family along.
I followed a movement,
and found my family.

유목민은 계절과 동물을 따라가고,

그 길에 가족을 데리고 간다.

나는 사회운동을 따라갔고 그 길에서 내 가족을 찾았다.

여성에게 가장 혁명적인 행동이자 보상은
자신이 원하면 언제든지 떠날 수 있는 여행
그리고 돌아왔을 때 받는 환영이다.

• • •

가끔 나는 아버지와 같이 걷는 듯하다.
같은 마을을, 길가의 식당을 그리고 밤비 속에 반짝이는
어두운 고속도로를 같이 달리는 듯하다.
우리는 마치 저속 촬영한 사진 속 이미지 같다.
나의 아버지는 늘 지도와 주소록을 훑으며 경비를 마련하고
기름 값을 계산하곤 했다. 나는 아버지와 정반대로 살아왔다
고 생각했다. 그러나 내 인생의 첫 10년간, 길은 정확히 나
의 집이었다. 그러면서 아버지와 나는 아주 친숙하게 닮았다
는 사실을 발견했다.

인류의 수많은 언어에서 인간이라는 단어에는
"유랑하는 존재"란 뜻이 담겨 있다.

· · ·

미디어를 통해 현실에서
탈출하고자 하는 욕구는 여행을 떠나고자 하는
욕망의 잘못된 표현일지도 모른다.

· · ·

우리에게는 내가 선택한 작은 가족인 여성들의
모임이 있어야 한다. 정기적으로 만나 서로를 응원하고
자신의 진실과 경험을 고백하고 내가 혼자가 아니라는
사실을 알 수 있는 모임이 반드시 필요하다.
이러한 모임 하나만 있으면 모든 것이 달라진다.

우리는 서로서로 필요하다.
우리 모두가 "우주선 지구"의 승객이니까.

. . .

설사 돈을 받지 않더라도 하고 싶은 일이 있기를,
당신이 직접 선택한 가족인 친구가 있기를 바란다.
이 두 가지가 있다면 당신은 인생의 모든 파도를
헤쳐나가면서 당신만이 될 수 있는 사람이 될 것이다.

. . .

지역사회에 대한 나의 사랑은
사회운동에서 나왔다.

THE ONLY FORM
OF ARMS CONTROL
IS HOW
WE RAISE
OUR CHILDREN

군비 축소의
유일한 방법은
우리 아이를
잘 키우는
것이다.

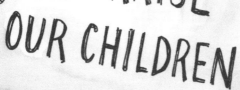

여성이 단지 자궁 소유자로만 존중받는 한
여성의 이성과 열정은 존중받지 못한다.

. . .

우리 중 많은 이들이
우리 어머니가 살지 못했던 삶을 살고 있다.

. . .

출산은 국가 정복보다 위대하고
자기 방어보다 훌륭하며 이 둘보다 더 용감하다.

. . .

나는 유전자에는 큰 무게를 두지 않지만
양육의 힘은 크게 신뢰한다.

mother as
a verb.

동사로서의 어머니

> Mother (verb):
> to be, to think,
> to love, to do.
>
> 어머니하다(동사):
> 존재하다, 생각하다,
> 사랑하다, 행동하다.

어머니날이 다가오자, 왜 나를 비롯해 아이를 낳지 않은 여성들도 이 날이 특별하게 다가오는지 곰곰이 생각해보았다. 물론 부분적으로는 우리가 어머니의 몸에서 태어났고 어머니에게 이 삶을 빚지고 있기 때문이다. 그 이유만으로도 충분하다. 그러나 나는 어머니날이 특별하게 느껴지는 또 다른 이유가 있다고 생각한다. 우리가 명사로서의 어머니는 아닐 수도 있지만 동사로서의 어머니하기는 항상 하고 있어서다. 어머니라는 단어가 동사로 쓰이지 않았다면 이 세상에 행동이란 존재하지 않았을 것이다.

생각해보라. "어머니"라는 명사는 인류 전반에 한정된 말이다. 그것도 생식능력이 있고, 나이가 적절하고, 의지를 지녔을 경우에 한정된다. 몇몇 사회에서 모성은 결혼했거나 아들을 낳은 여성을 치켜세울 때 쓰일 뿐이다. 대부분의 사회에서 여성은 자기 자신으로 존재하기보다 아이를 낳도록 권유받는다.

명사로서의 어머니는 좋은 어머니일 수도 나쁜 어머니일 수도 있다. 기꺼이 그 역할을 맡을 수도 있고 마지못해 할 수도 있다. 정부 보조금을 받아 살 수도, 경제적으로 넉넉할 수도 있다. 숭배를 받을 수도 있고 비난을 받을 수도 있다. 고압적일 수도 있고 자상할 수도 있다. 우연일 수도 선택했을 수도 있다.

어쩌면 그래서 어머니mother라는 말이 마더퍼킹motherfucking처럼 욕설에도 들어가고 전쟁 무기 이름 - 모아브Mother of all bomb, 미군이 개발한 소형 핵무기급의 폭탄 - 도 되는 건 아닐까. 전쟁을 일으킨 자들은 어머니가 군인을 낳았기에 영웅이라 말하기도 한다.

하지만 어머니가 동사로 쓰일 때를 생각해보자. 어머니되다, 어머니하다. 어머니를 동사로 쓰자마자 인간에게 가능한 가장 아름다운 장면들이 떠오르기 시작한다.

어머니하다는 다른 사람들의 안녕을 자신의 안녕만큼 신경을 쓰는 일이다.

어머니하다는 공감하고 배려하기와 알아보기와 돌보기다.

어머니하다는 노인과 청년, 강자와 약자가 완벽하게 어우러져 짝을 이루게 한다.

어머니하다는 자유의지에 관한 일이다. 강제로 어머니가 될 수는 있지만 강제로 어머니하기를 할 수는 없다.

"어머니날"을 처음 만든 사람은 줄리아 워드 하우다. 그녀가 1870년 평화를 위한 어머니날을 만들었을 때 염두에 둔 것은, 그날만큼은 전쟁에 반대하고 평화를 증진하자는 것이었다. 다른 말로 하면 이 날은 "어머니날"이 아니라 "어머니하기 날"이라고 할 수 있다. 우리가 젊거나 늙거나, 남자거나 여자거나 상관없이 인간인 우리 안에 내재된 수많은 선한 가능성들을 떠오르게 한다.

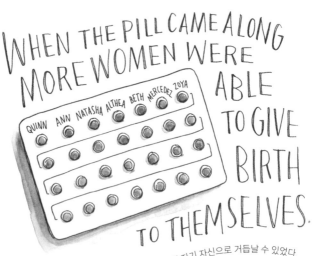

WHEN THE PILL CAME ALONG MORE WOMEN WERE ABLE TO GIVE BIRTH TO THEMSELVES.

QUINN ANN NATASHA ALTHEA BETH MERCEDEZ ZOYA

피임약의 등장으로 더 많은 여성들이 온전히 자기 자신으로 거듭날 수 있었다.

여성이 모든 일을 다 할 수는 없다.

• • •

여자가 아기를 임신하고 낳고 젖 먹이는 데
1년 정도 걸리니, 남자는 여자와 양육을
똑같이 분담하고 그에 더해 아이를 키우는 데
1년을 더 써야 하는 거 아닌가?
논리는 논리학자만의 것이 아니다.

• • •

우리는 세대를 떠나 서로 가르치는 만큼
서로 배워야 함을 기억하자.

잡초는, 그저 아무도 사랑하지 않는 꽃이다.

. . .

스스로를 지킬 때 가장 좋은 점은 나의 존재는
반드시 지켜야 할 가치가 있음을 아는 것이다.

. . .

자존감이 전부는 아니다. 그저 자존감이 없으면
아무것도 없을 뿐이다.

. . .

글을 쓰는 것은 내면의 목소리를 외부로 불러내는 것이며,
나의 생각이 다른 사람의 생각에 들어갈 가치가
있다고 믿는 것이며, 이전에는 똑같은 방식으로 존재하지
않았던 무언가를 유형의 존재로 만드는 것이다.
이보다 더 자기 가치를 드러내는 길이 있을까?

투표는
우리가 할 수 있는
최대치가 아니라
최소치다.

나의 어머니가 늘 말했다 :
민주주의는 매일 하는 거란다. 이를 닦는 것처럼 말이야.

MY MOTHER ALWAYS SAID:
Democracy is just something
you do every day, like
brushing your teeth.

민주주의는 가정에서부터 시작된다.

하지만 우리는 민주주의를 폭력으로 바꿀 수도 있고 공감으로 바꿀 수도 있다. 가정 안에서 일어난 일은 가정 안에 머물지 않는다. 가족은 그저 생물학적 가족만을 의미하는 것이 아니라 같이 사는 사람, 신뢰하는 사람을 말한다. 폭력이나 학대에 의해 신뢰가 깨지면 치유하기까지는 몇 세대가 걸릴 것이다.

여기에 이 말을 추가할 수 있다.

민주주의의 시작은 내가 나의 몸을 소유하는 것이다. 이 기준으로 본다면, 민주주의 안에 사는 여성이 그리 많지 않다.

투표하지 않으면 당신은 없는 걸로 간주된다.

• • •

THE VOTING BOOTH IS THE ONE PLACE ON EARTH WHERE THE LEAST POWERFUL AND THE MOST POWERFUL ARE EQUAL.

투표 부스는 가장 힘없는 사람과 최고 권력자가
평등해지는 이 지구상 유일한 장소다.

• • •

정치는 더럽고 지저분하다고 말하는 건 우리의 삶이

정치를 바꾸지 못하게 방해하는 방법이다.

THERE CAN BE NO TRUE DEMOCRACY *with* RACISM OR *without* FEMINISM.

인종주의를 포함하거나 페미니즘을 제외하면
진정한 민주주의라 할 수 없다.

우리는 가부장제 안에 똬리를 틀고,
가부장제는 우리 안에 똬리를 틀고 있다.

. . .

나는 흑인 여성들에게서 페미니즘을 더 많이 배웠다. 페미니즘 운동과 관련해 백인 중산층 여성들이 더 많이 기사화되고 조명받는 것은 인종차별 때문이다. 숫자로 확인해보자. 1972년 페미니즘 이슈에 관한 첫 국민투표에서 흑인 여성은 백인 여성보다 두 배 더 이 문제에 찬성했다. 2016년 흑인 여성의 94퍼센트가 힐러리 클린턴에게 투표했고 백인 여성의 52퍼센트는 도널드 트럼프를 뽑았다.

. . .

우리는 인종차별에 둘러싸여 살고,
인종차별은 우리 안에 살고 있다.

대부분의 문화에서 현재를 사는 능력, 불확실성을
견디는 능력, 마음을 여는 능력, 자발성, 융통성은
여성의 특질이며, 많은 남성들은 이런 능력이 부족하다.

. . .

우리 각자가 페미니즘 운동에서 얻어갈 건
딱 한 가지다: 인간을 위한 인간애다.

. . .

성별은 무엇이 남성적이고 무엇이 여성적인지
끊임없이 왜곡된 말을 들려준다. 개소리다.

. . .

여성은 듣는 만큼 말하는 법을 배워야 한다.
남성은 말하는 만큼 듣는 법을 배워야 한다.

The Golden Rule was written
by a smart guy for guys, but
women need to reverse it:

황금률이란 똑똑한 남자들이 남자들을 위해 쓴 법칙으로
여성들은 이 원칙을 뒤집어야 한다.

TREAT OURSELVES AS WELL AS WE TREAT OTHERS.

다른 사람에게 하듯이 나한테 하자.

당신이 다른 사람보다 더 힘이 있다면 말만 하지 말고
들어라. 당신이 다른 사람보다 힘이 약하면 듣지만 말고
말하라. 이것이 즉석에서 이루어지는 민주주의다.

· · ·

남성에게 일어난 일은 정치라 하고
여성에게 일어난 일은 문화라 한다.

결혼하고 남자가 여자의 집으로 들어가는 건 모계사회, 평
등, 원초적인 문화의 표시다. 결혼하고 여자가, 때로 아주 어
린 소녀가 남자의 집으로 들어가는 건 남성 지배 사회의 표
시다.

5000년 동안 여성은 이민자처럼 남의 집에 살았다. 하지만
따져보면 5000년은 인류 역사의 단 5퍼센트에 지나지 않는
다. 이제 여성은 더 이상 이민자가 아니다. 어디에 있건 간에
집을 가질 수 있고 가질 자격이 있다.

Be sure you like who you love.

당신이 사랑하는 사람을 마음 깊이 믿어라.

많은 이들이 이상적인 사람을 찾는다. 스스로 이상적인 사람이 되려고 노력하는 이는 적다.

. . .

사랑과 권력은 반대말이다.

. . .

누군가 나에게 왜 여자들은 남자들처럼 도박을 하지 않느냐고 물었다. 그때는 애초에 여자들에게 도박할 만한 돈이 없기 때문이라고 대답했다. 상식적으로 생각해도 그랬다. 그러다가 최근에야 깨달았다. 여성들의 모든 도박 본능은 결혼에 의해 이미 채워졌기 때문이라는 것을.

. . .

결혼이란 남성에게 더 큰 이익이 돌아가도록 기획된 제도다. 가장 행복한 두 집단은 기혼 남성과 비혼 여성이다.

여성은 자기 가치와 능력을 타인의 사랑과 인정에서
찾아야 한다고 배워왔다.
이는 여성이 독립적으로 살거나
근본적인 변화를 추구하는 것을 어렵게 한다.

• • •

남자는 여자만큼 사랑하고 돌볼 수 있다.
– 남자는 그 일을 못하게 타고났다고 단언하는 건
남성 무시이고 명예훼손이다. –
그러나 우리는 언제나 본보기를 통해 배운다.
소년들 바로 옆에 돌보는 남자들이 있어야
소년들도 돌보고 보살핀다.

• • •

남성들도 주의 깊게 듣는 능력을 키우면,
직감력을 키울 수 있다.

여성이 가정 바깥에서 남성과 평등하려면
그녀의 가정 안에서 남녀가 평등해야 한다.

· · ·

사랑이란 그 사람이 가장 좋아하는 일을
하기를 원하는 것. 연애란 그 사람을 원하는 것.

· · ·

빈곤의 여성화는 부의 남성화와 같다.

WOMEN ARE BECOMING THE MEN WE WANTED TO MARRY.

(BUT TOO FEW MEN ARE BECOMING THE WOMEN THEY WANTED TO MARRY)

여성은 점점 우리가 결혼하고 싶은 남성이 되고 있다.
(하지만 남성들은 그들이 결혼하고 싶은 여성이 되는 경우가 극히 드물다.)

기득권층이 소유한 건 무조건 우월성의 표시로 사용된다.
남성이 만약 월경을 한다면 월경은 위대한 일이 되었을
것이다. 만약 시간과 우주의 원리가 절대적이지 않고
남성의 기준을 적용했다면, 과연 여성이 수학자가 될 수
있었을까? 우주 비행사가 될 수 있었을까?

• • •

섹스를 공격성과 폭력에서 분리하는 건 앞으로도
오랜 시간이 걸릴 것이다. 남성 지배 권력의 핵심에
도전하는 일이기 때문이다.

• • •

이 사회가 강요하는 이른바 "여성성"은
사실 아이 양육에 필요한 자질인 인내, 돌봄,
세심한 관심, 연민이다. 남성이 아이를 양육하면
남성도 똑같은 자질을 기를 수 있다.

사람들이 왜 페미니스트라는 단어를 껄끄럽게 여길까.

두 가지 이유가 있는데

첫 번째는 이 단어의 의미를 몰라서.

두 번째는 이 단어의 의미를 너무나 잘 알아서.

· · ·

Every child has the right to be born loved and wanted.

모든 아이들은 사랑을 원하고 받을 권리가 있다.

이것이 바로 여성에게 임신과 출산의 권리를 전적으로 위임
해야 하는 근거다.

여성은 길 위에서보다 집에서 더 위험하다.

인도의 지참금 살인, 이집트의 명예 살인, 미국의 가정 폭력 사례 등에서 나타나듯이 통계적으로 여성들은 집에서, 가까운 남성에게 맞거나 살해당할 확률이 높다.

. . .

인류 역사의 95퍼센트 기간 동안 여성은
아기를 낳을지 안 낳을지를 스스로 결정할 수 있었고
그래서 허브와 낙태약을 사용했고
임신 주기를 계산했다.

모든 계급 사회 건설의 첫 단계는 여성 몸을 통제하는 것이었다. 가부장제는 600만 명의 의료 및 주술 관련 여성을 마녀로 몰아 살해하는 등 수 세기 동안 여성의 몸을 통제했다.

부양 할 자녀가 있는 여자는
복지 후생 따위가 없는 남자가 된다.

. . .

여성의 뇌와 심장이 자궁만큼
가치를 인정받아왔다면, 그리고 출산을 할지 안 할지,
언제 할지를 결정할 수 있었다면 현재 인류 인구는
인구보충출생률(총인구를 유지하는 데에 필요한 출생률)보다
약간 많은 수준으로 안정되었을 것이다.

. . .

여성이 몸 안에서 일어나는 삶을 통제할 수 있어야
몸 밖에서 일어나는 삶도 통제할 수 있다.

INVADING BODIES
is still less punished than invading property.

몸을 침범하는 것은 재산을 침범하는 것보다
여전히 죗값이 낮다.

・ ・ ・

몸으로 무엇을 할 수 있는지가
몸이 어떻게 보이느냐보다 몇 배나 중요하다.
스포츠는 젊은 여성들에게 몸이 장식품이 아니라
도구라는 사실을 알려준다.

Your daughters are watching you.

당신의 딸이 당신을 보고 있다.

• • •

당신이 거울을 보고 몸매를 평가할 때마다

아이가 당신을 지켜보고 있다.

이 세상의 수많은 딸들은 한 여성의 운명이
그 개인의 잘못이 아니라는 사실을 알지 못했다.
나도 젊었을 때 이렇게 결심하곤 했다.
"나는 절대로 엄마처럼 살지 않을 거야."

· · ·

사람들이 "내 딸에게 어떤 말을 해주면
좋을까요?"라고 물으면 나는 항상 이렇게 대답한다:
들으세요. 경청이 가장 중요합니다.
그러면 아이는 자기가 무슨 말을 하고 싶은지
스스로 알게 됩니다.

· · ·

많은 부모가 딸을 아들처럼 키우고 있지만
아들을 딸처럼 키우는 사람은 턱없이 적다.

The BEST way to cultivate FEARLESSNESS in our daughters and other young women is by EXAMPLE.

WELDER 용접공
ARCHITECT 건축가
EDITOR 에디터
PRESIDENT 대통령
LAWYER 변호사
JOURNALIST 기자

우리의 딸들과 젊은 여성들이
거침없이 꿈을 좇도록 하는 최고의 방법은
우리 자신이 그 예가 되는 것이다.

가장 먼저 만나는 가장 친밀하고 가장 가까운
가족 사이에서 권력 격차를 당연히 받아들인다면,
다른 위계를 받아들이기는 얼마나 더 쉬울까?

· · ·

냉정하고 오만하고 때로는 폭력적이기까지 한 남자에게
끌리는 여성들을 보면서, 나는 냉정하고 오만하고
때론 폭력적이기도 한 아버지 밑에서 자라면
이러한 남자들이 당연하거나, 때론 익숙하고 편안하게
느껴진다는 사실을 이해하게 되었다.
나는 아버지 덕분에 다정한 남자에게만 정이 갔다.

전략은 언제나 목적을 반영해야 한다.
평화를 위한 살인은 없으며, 누군가의 결정을
대신하면서 그의 힘을 키워줄 수도 없다.
자유를 얻기 위해 반대 의견을 억누를 수는 없다.

· · ·

우리는 부모가 경계하던 여성이 되었고
그래서 우리가 자랑스럽다!

다른 사람이 당신 인생을 결정하도록 두지 말라.

남편도, 아이도, 관습도 아니다.

당신이 결정한다.

• • •

젊은 여성들에게 조언을 딱 하나만 해줄 수 있다면

나는 이렇게 조언하겠다.

"내 조언 듣지 마세요.

여러분 내면의 목소리를 들으세요."

그들이 나를 아는지 모르는지는 전혀 중요하지 않다.

자신이 누구인지 아는 것만이 중요하다.

친구들이 말하다

"공동체가 없이는 진정한 해방도 없다."

오드리 로드 Audre Lorde [*]

"나는 페미니스트이고 내가 페미니스트라는 것은 내가 흑인이라는 사실과 같은 의미이다. 즉 내 인생이 자기 사랑과 자기 존중에 달려 있는 것처럼 나 자신을 사랑하고 나 자신을 존중해야 한다는 뜻이다."

준 조던 June Jordan [**]

"가부장제는 너무 보편적이고 정상적으로 여겨져 마치 물고기에게 물이 무엇이냐고 묻는 것 같다."

모나 엘타하위 Mona Eltahawy [***]

---

[*]   1934~1992, 미국 작가, 페미니스트, 시민권 운동가
[**] 1936-2002, 자메이카계 미국 시인, 수필가, 사회운동가
[***] 1967~, 이집트계 미국 작가, 페미니스트, 활동가

"우리에게는 가장 먼저 독립선언문이 필요하고, 그다음에는 상호 의존 선언문interdependence이 필요하다."

벨라 앱저그 Bella Abzug *

"두 여성 그리고 여러 여성들의 연대는 사람들이 가장 두려워하는 것이자 가장 큰 말썽거리이자 세상을 바꿀 수 있는 가장 큰 잠재력 이다."

에이드리엔 리치 Adrienne Rich **

---

* 1920~1998, 미국의 법률인·정치인. 미국 여성운동의 선구자로 미국 여성해방운동 의 기수 베티 프리단, 글로리아 스타이넘과 함께 공격적인 여권운동을 했고 베트남전 쟁 반전운동에도 앞장섰다.
** 1929~2012, 미국 시인, 수필가, 페미니스트

여성은 나이가 들수록 더 급진적이 되는 유일한 집단이다.

Women may be the only group that grows more radical with age.

Chapter 2

나이를 먹는다는 것

나이는 개인적인 것이지 정치적인 것이 아니다. 하지만 우리는 아직 그 단계까지 가지 못했다. 아직도 많은 이들은 여성은 생식 능력으로 가치를 인정받고 남성은 나이와 권위로 인정받는다고 본다. 그래서 여성의 젊음이 연륜보다 더 각광받는지도 모른다.

우리도 부지불식간에 성별에 따른 삶을 내면화한다. 나는 아이를 가져야겠다는 목표를 가진 적은 없었지만, 뿌리 깊은 성별 의식 때문에 내 손으로 내 미래를 설계할 힘이 없다고 느끼곤 했다. 아침에 일어나 잠이 들기 전까지 좋아하는 일을 했지만 모든 것이 임시 같았다. 나의 노동력과 시간을 요구하는 남편과 가족이 없는데도 불구하고 문득문득 어떤 미지의 힘이 내 인생을 지배하러 올 것만 같았다.

집을 마련하고 꾸미는 일도 마찬가지인데, 여성에게 가정을 꾸린다는 건 나 자신을 위해서가 아니라 다른 사람을 위한 일로 여겨지기 때문이다. 내 친구인 사진작가 질 크레멘츠Jill Krementz는 오랜 시간 좋아하는 일을 하면서도 모든 것을 임시라고 여겼다면서 말했다. "인생이 이렇게 흘러가는 줄 알았으면 진즉에 나를 위한 멋진 조명과 러그를 샀을 거야."

여성이란 인류는 열 살 남짓까지, 그러니까 여성이면 어떻게 살아야 한다는 기대가 치고 들어오기 전까지 나 자신으로 살고, 출산과 육아 시기가 끝난 후에 또다시 나 자신이 된다. 캐럴린 하일브룬Carolyn Heilbrun은 『셰익스피어에게 누이가 있다면: 여자들에 대한 글쓰기Writing a Woman's Life』에서 여성은 쉰 살 이후 완전히 다른 사람이 된다고 말한다. 마침내 자유를 되찾아 한때 자신이었던 그 소녀, 나무를 기어오르고 "난 내가 원하는 게 뭔지 알아, 내가 무슨 생각하는지 알아"라고 말하던 소녀의 성인 버전이 된다는 것이다. 쉰 살 이후 나의 모습을 예상하고 싶다면 내가 열 살 때 어떤 아이였는지를 떠올리면 된다.

　이 세상에는 특별하고 별나고 용감하고 씩씩한 나이 많은 여성이 하늘의 별처럼 많다. 나는 세상을 돌아다니면서 이런 여성 중 유독 유색인 여성의 비율이 높다는 걸 알았다. 아마도 흑인 남성들이 백인 남성들과 같은 힘과 권력을 가지지 못해 흑인 여성들이 전통적이고 의존적인 여성 역할을 하지 않았기 때문일 수도 있다. 내가 만약 어떤 집단에게 이 세상의 힘을 부여할 수 있다면, 이유가 무엇이고 그 여성

one day, an ARMY of GRAY-HAIRED WOMEN may quietly TAKE OVER THE EARTH.

언젠가는 흰머리 여성들이 조용히 이 지구를 접수할 것이다.

MOST OF THE
PEOPLE I
WORK WITH
EVERY DAY
ARE
YOUNGER
THAN MY
BLUE
JEANS!

내가 매일
함께 일하는
대부분의 사람은
내가 입는
청바지보다도 젊다.

이 어떤 여성이건, 나는 이 강하고 웃기고 지혜롭고 머리카락은 희끗희끗한 여성들에게 그 힘을 전부 주고 싶다. 언젠가는 흰머리 여성들이 조용히 이 지구를 접수할 것이다.

하지만 이제 여성은 현명해지기 위해 늙을 때까지 기다리지 않는다. 젊은 여성들이 일찍부터 낡은 관습에 반기를 들고 사회적 기대라는 압력에 어떻게 저항해야 할지 고민하고 실천한다. 내가 매일 얼굴을 보며 일하는 여성들이 내 청바지보다도 늦게 태어났고, 감사하게도 나는 다른 형태의 차별만큼이나 고질적이고 해로운 연령차별과는 상관없는 삶을 누리고 있다. 나는 그 친구들보다 노장이고 선배이며 이보다 나빴던 시절을 기억하기에 그들에게 희망과 낙관주의라는 선물을 줄 수 있다. 그들은 젊어서 아직도 불공정한 일들이 얼마나 산재해 있는지 알고, 미래에 대한 이해관계가 있어 나에게 분노와 조바심을 선물해준다. 이 얼마나 완벽한 조합인가.

나는 이제 어디를 가건 가장 연배가 높은 사람이 되었다. 살면서 시는 몇 편 쓰지 않았지만 내가 20여 년 전 막 나이 듦의 축복을 발견하기 시작할 때 쓴 시 한 편을 소개한다.

여신이여, 나는 기도합니다.
나이 따위 상관없이
벌거벗고 활보할 용기를 주시기를
새빨간 옷과 보라색 옷을 입기를
여자답지 않기를
적절하지 않기를
분란을 일으키기를
올바르지 않기를
생이 끝날 때까지 그러하기를 기도합니다.

이제부터 내가 한 일은 나의 기대에 부응해 사는 것뿐이다.

내가 죽음의 필연성을
피부로 느끼지 못하는 이유는
여든 살이라도 마음은 마흔 살과
크게 다르지 않기 때문이다.

. . .

나는 잃을 건 하나 없고, 헛소리는 용납 안 하는
할머니로 사는 것이 얼마나 통쾌하고 즐거운지
매일 깨닫고 있다.

. . .

세상 사람들에게 자꾸
내 나이를 말하는 건 나도 내 나이를 믿기 위해
노력해야 하기 때문이다.

쉰 살은 바로 이 모습이다.

그렇게 오랫동안 거짓말을 했으니 누가 알겠는가. 나는 수십 년 전에도 그리고 지금도 이 말을 한다. 왜냐면 많은 여성들이 자기 나이를 말하지 않고 또 미디어는 나이 든 여성을 배제하기 때문이다. 내 나이 여든이 다 되어가니, 이제는 "여전히" 라는 말이 내 삶에 들어온다. "여전히 여행하세요?" "여전히 글 쓰세요?" "여전히" 라는 말에 조심하시오. 우리는 언제나 그대로입니다.

나는 항상 스탠드 업 코미디를 하고 싶었고, 이제 첫 대사가 생겼다.

"내 나이, 대부분은 죽었습니다."

• • •

내 나이엔 고유명사를 그 자리에서
바로 기억해 말하는 게 오르가슴만큼 짜릿하다

나이가 많아서 좋은 점은
한때 섹스에 집중되던 모든 두뇌 세포들이
그 외의 모든 일에 쓰인다는 점이다!

· · ·

당신은 반드시 실수를 할 것이고 그 실수를 통해
배울 것이다. 미안하다고 말하고 어떻게 해야 하는지
물어보라. 그리고 배우라. 그런 다음 넘어가라.

· · ·

사람들이 이 나이에도 어떻게 그렇게 희망적이고
에너지가 넘치냐고 물으면, 나는 대답한다.
여행을 하기 때문이라고.

WE DON'T GROW BETTER OR WORSE WITH AGE, JUST MORE LIKE THE UNIQUE SELVES WE WERE BORN TO BE BEFORE MADE-UP GENDER ROLES TOOK OVER OUR CENTRAL YEARS.

나이가 들면서 저절로 더 나은 사람이 되거나
더 형편없는 사람이 되는 건 아니다. 이미 만들어진 성별 관습이
우리 인생의 한창때를 통과하기 전, 태어날 때부터 갖고 있던
고유한 나의 모습이 될 뿐이다.

당신이 후회하는 그 일을
언젠가는 가장 축복하게 될 것이다.
다시 말해서,
우리는 잘못과 실수에서 배운다.

. . .

내가 나의 몸을 축복하면,
몸도 나를 축복한다.

. . .

재기 넘치고, 영특하고,
본받을 만한 젊은 여성들을 볼 때면 나는 생각한다.
이런 친구들이 태어나길 기다려야 했구나.

미래의 당신이

당신보다 앞서 걷고 있다고 상상해보자.

그녀가 당신을 리드하게 하라.

• • •

성장이란 미지의 세계 앞에서

"예스"라고 말하는 것이다.

친구들이 말하다

"도전하며 나이 들자."

앨리스 워커Alice Walker

"우리 모두는 거짓 자아, 계획된 자아 그리고 우리의 가족과 문화와 종교에 의해 만들어진 자아의 껍질을 벗기는 과제를 수행하고 있다."

아나이스 닌Anaïs Nin *

"사람들은 당신이 한 말을 잊을 것이다. 당신이 한 일도 잊을 것이다. 하지만 당신이 어떤 기분을 느끼게 했는지는 절대 잊지 못할 것이다."

마야 안젤루Maya Angelou **

---

* 1903~1977, 프랑스·쿠바계 미국인, 소설가
** 1928~2014, 미국 시인, 사회운동가

"이 나라의 어떤 흑인 여성 작가도 '너무 많은' 글을 쓸 수는 없다. 아니, 어떤 여성 작가도 '지나치게 많은 글'을 쓸 수는 없다. … 어떤 여성도 충분히 글을 쓴 적이 없다."

벨 훅스 Bell Hooks[*]

"나는 내가 무엇을 하고 싶은지는 몰랐으나, 내가 되고 싶은 여성이 누구인지는 알았다."

다이앤 폰퓌르스텐베르크 Diane von Furstenberg[**]

"늘 평범해지려고 해서는, 당신이 얼마나 비범해질지 결코 모를 것이다."

마야 안젤루 Maya Angelou

"페미니즘은 모두를 위한 것이다."

벨 훅스 Bell Hooks

---

[*] 1952~, 미국 작가, 사회운동가, 페미니스트
[**] 1946~, 벨기에계 미국 패션 디자이너

"내가 선택한 꿈으로 가는 길에 '내가 어떻게 보이는지, 내가 어떻게 되어야 하는지'를 나타내는 광고판이 보이면 가운데 손가락을 들어 보이고 지나간다."

캐시 나지미Kathy Najimy [*]

"야단을 치는 것은 당신이 한 일에 대한 정당한 질책이 아니라, 당신 이 더욱 세심하게 일하도록 하려는 것이다."

플로린스 케네디Flo Kennedy [**]

---

[*] 1957~, 미국 영화배우, 코미디언, 사회운동가
[**] 1916~2000, 미국 흑인 여성 변호사, 인권 운동가

Chapter 3

할 수 있는 일을 하자

살면서, 사람들이 중요하게 여기는 무언가를 내가 꽤 잘한다는 걸 발견하는 일만큼 짜릿하고 흥분되는 건 몇 가지 없다. 어린 시절 처음 잔디를 깎던 때, 처음 눈을 치우던 때, 심부름을 하고 고맙다는 말을 듣고 용돈까지 받던 때를 생각해보자.

성인이 되어서 나의 자유의지로 어떤 일을 하고, 그 일을 최대한 잘해냈을 때 그 일로 보상을 받고, 계속 연습하면서 더 잘했을 때의 기분도 아마 똑같을 것이다.

남은 삶 동안 내가 할 수 있는 일을 잘해내는 기쁨을 느낄 수 있다면 우리는 훨씬 더 행복해질 것이다. 마지 피어시

Marge Piercy의 위대한 시 〈쓸모 있다는 것To be of use〉의 한 구절을 보자.

(… 와인과 오일을 담았던 그리스인의 항아리
지금은 박물관에 있지만
원래는 쓰려고 만들었지)
항아리는 물을 담아달라 조르고
사람은 진짜 일을 달라고 소리친다

부자의 세계와 빈자의 세계를 비교해보면 당연히 빈자의 삶이 더 힘들다. 하지만 돈이 넘치게 많은 사람들은 자신의 재능이 무엇인지, 일 자체의 보람은 무엇인지 영원히 발견하지 못할 수도 있다. 그 또한 굉장히 허무하고 답답하지 않을까.

운이 좋아 좋아하는 일을 찾았다면 우리는 보수를 받건 받지 않건 그 일을 할 거라는 걸 안다. 정당하고 공평한 임금을 받기 위해 싸우지 말아야 한다는 뜻이 아니다. 일과 삶의 차이를 구분하기 힘든, 바로 내가 있어야 할 장소에 있음을 안다는 뜻이다. 우리는 쾌적한 공간, 건강한 음식을 누릴 자격 그리고 종종 춤을 추며 살 자격이 있다. 하지만 그러고 나서 우리가 하루 종일 하는 일이 가장 큰 기쁨이 되어야 한다.

예술가와 사회 활동가organizer들은 일 자체로 보상을 받는 사람에 속한다. 사회 활동가인 나는 이 일이 그저 은행에 돈을 쌓아두는 것보다 얼마나 만족감이 큰지 잘 안다. 처음 보는 사람이 다가와 내가 하는 활동 덕분에 자신의 인생이 더 나아졌다고 말할 때 으리으리한 집이나 근사한 차를 소유하는 것보다 훨씬 더 만족스럽다. 실제로 으리으리한 집이나 고급 자동차는 서로를 고립시킬 뿐이다.

나는 하버드 비즈니스 스쿨이 그저 수치가 아니라 좀 더 정확히 계산하는 방법을 가르쳐야 한다고 생각한다. 이를테면 부탄에서 만들어낸 "국민행복지수Gross National Happiness"를 계산하는 강의가 있다면 어떨까. 이 지수를 계산하려면 문화, 환경, 정부의 능력 등을 포함해야 하는데, 주식시장은 여기까지 미치지 못하고 있다.

사실 우리 대부분은 먹고살기 위해 일한다. 혹은 몇몇 운 좋은 사람들은 일하기 위해 살기도 한다. 무엇이 되었건 일은 단순히 한 글자가 아니다. 일이란 소속감, 성장, 즐거움의

원천이 될 수 있고 또 그렇게 되어야 한다.

그러나 우리가 좋아서 일을 한다 해도 사회에서 인정받아야 한다. 수 세대 동안 가정주부들은 일하지 않는 사람 취급을 받아왔다. 미국에선 여성이 실제로 생산성의 3분의 1을 담당하고 있다. 산업화되지 않은 국가에서는 여성이 가족이 먹을 식량을 재배하고, 가정에서의 일은 경제의 가장 큰 부분을 차지하기도 한다. 그러나 하루도 안 하면 안 되는 이러한 일이 국내 총생산에 반영되지 않는다. 그렇게 된다면 5,130억 달러가 미국 경제에 더해질 것이고 국가 예산을 보다 현실적인 방식으로 활용할 수 있을 것이다.

또 하나 주목할 점은 임금 노동 또한 노동 자체보다 누가 그 일을 하는지에 따라 가치가 달라지는 현실이다. 백인 의사는 흑인 의사보다 수입이 많고 흑인 여성 의사는 흑인 남성 의사보다 소득이 적으며, 여성 육아 도우미는 남성 주차 도우미보다 임금을 더 적게 받는다.

노동의 척도와 보상 방법을 개선하기 위해 싸우는 한편, 일의 의미 또한 생각해야 한다. 경제학자 존 케네스 갤브레이스John Kenneth Galbraith는 노동 가치를 평가하기 위해 사람들에게 직업에서 무엇을 배웠는지 물었고, 그 대답을 직업의 가치 기준으로 사용했다.

그 기준에서라면 나는 십 대 때 한 아르바이트를 나의 대학 학위와 같은 위치에 놓고 싶다. 나는 방과 후나 토요일에 여성복 매장에서 일했는데 그때 동료들에게서 인생을 배웠다. 좋은 결혼과 나쁜 결혼이란 무엇인지, 인근 공장에서 여자 직원을 고용한다면 그들의 가계 수입은 얼마나 더 늘어날지, 크리스마스 클럽* 덕분에 이 여성복 매장은 단골손님들의 소비로 수익을 얻고 있는데, 무엇이 그들에게 매달 크리스마스 클럽 계좌에 저축하게 하는지 등등.

각종 컨벤션과 슈퍼마켓 오픈 행사에서 춤을 추는 일도 했는데, 그 일을 하면서 댄서가 되는 것-영화를 보며 영감을 받아 댄서가 되려고 했다-이 대학에 가는 것보다 낫다는 생각을 뒤집었다. 마술사의 조수로도 일했는데, 그는 나와 다른 사람들의 돈을 떼어먹고 마을에서 도망쳤다. 이 일로 나는 직원이 반대로 고용주에게 추천서를 요구해야 한다고 생각했다.

---

* 20세기 초부터 미국의 다양한 은행 및 신용 조합이 제공하는 특수 목적의 저축 계좌. 은행 고객이 매주 정해진 금액의 돈을 저축 계좌에 입금하고 연말에 크리스마스 쇼핑을 위해 돈을 돌려받는다.

내가 가장 많은 걸 느끼고 배운 직업은 대학생 시절 여름 방학에 했던 시립 수영장의 수영 강사와 인명 구조원이었다. 수영장은 흑인 거주 지역에 있었고 나는 유일한 백인 직원이었다. 사려 깊은 동료들은 나의 낯가림이 사라질 때까지 인내심 있게 기다려주고 아이들과 더 친해질 수 있도록 본즈라는 주사위 게임을 가르쳐주었다. 비오는 날에는 동료들과 둘러앉아 비드 위스트라는 보드 게임을 하기도 했다. 백인 십 대 소년들이 자전거를 타고 오가는 그들에게 인종 차별적인 모욕을 할 때마다 어떻게 가볍게 웃어넘기는지도 보여주었다. 한 남자 동료가 그 소년들에게 소리 지를 때 내가 그들은 단지 "열성 유전자"일 뿐이라고 했다. 그러자 그는 자신의 인종적 혼란에 보상받은 듯 보였다. 그 소년들은 우리를 두렵게 한 것이 아니라 오히려 웃게 했고 마침내 더 이상 모욕적인 행동을 하지 않았다.

종합해보면, 나는 아마 고등학교와 대학교 때 한 아르바이트에서 교실이나 강의실에서보다 유용한 지식을 더 많이 배웠던 것 같다.

연봉이나 직위에 상관없이 당신이 거친 모든 직업을 적어보고 각각의 직업에서 무엇을 배웠는지 생각해보자. 아마도 나처럼 기대 이상으로 굉장히 많은 교훈을 배웠음을 깨닫게 될 것이다.

졸업 후 프리랜서 작가이자 에디터가 되었고 일과 맹목적인 사랑에 빠졌다. 무엇보다 편집회의 시간이 가장 즐거웠다. 스태프들이 모여 기사 아이디어, 특집 기사 제목, 표지 문구를 정하고, 그리고 잡지 용어로는 타이틀 문장이나 카피 문구라고 하는, 커다란 폰트의 몇 단어로 독자들을 끌어들이는 문구를 만들어가는 과정이 정말이지 세상에서 가장 즐거운 오락처럼 느껴졌다.

재즈 뮤지션들이 즉흥적으로 연주하며 서로의 창의성을 살려주는 것처럼 우리는 혼자라면 절대 생각해내지 못했을 아이디어를 탄생시켰다.

잡지 출판계의 혁신가 클레이 펠커Clay Felker가 최초로 도시 기반 잡지인 『뉴욕』을 창간하면서 지미 브레슬린Jimmy Breslin과 톰 울프Tom Wolfe 등 다양한 스타일과 독특한 목소리를 가진 작가들에게 지면을 주었다. 나는 당시 유일한 "여기자"였으나 그 뒤로 여기자의 숫자는 점점 늘어났다. 편집회의와 기사를 작성할 때를 제외하곤 무작정 사무실을 나오곤 했는데 그렇지 않으면 타이핑을 하거나 전화만 받게 될 것이 뻔했기 때문이다.

내가 맡은 일은 모든 기사와 칼럼의 제목을 정하는 것이었고, 나는 나에게 "도시 정치"란 제목의 칼럼을 주기로 했다. 프리랜서로서 정치적인 기사를 쓸 기회가 거의 없었으나 드디어 이 지면을 통해 초창기 페미니즘의 중요 주제의 하나인 불법 낙태 기사를 쓸 수 있었다.

3년 후, 여성운동이 부상하면서 페미니스트 잡지 수요가 커졌고 여성 기자와 에디터 들이 모여 최초의 전국 단위 월간 페미니스트 잡지 『미즈Ms.』를 창간했다. 나는 내가 사랑하는 일이자 내게 삶의 목적을 준 일을 찾았다.

우리는 그때까지 엄연히 곁에 존재하지만 이름도 없고 보이지도 않는 현실, 즉 가정 폭력, 성희롱, 인심매매에 대해 심층 취재 기사를 썼다. 또 인종차별과 성차별이 결합된 "이중의 위험"에 대해서도 취재했는데, 이 용어는 작가이자 사회운동가인 프란시스 빌Frances Beal이 처음 만들었다. 그뒤 법학 교수 킴벌리 크렌쇼Kimberlé Crenshaw는 인종, 성, 계급, 성적 지향, 연령 등이 중첩되는 경험을 교차성intersectionality이라는 용어로 설명했다. 우리가 처한 현실을 지칭하는 용어가 생기자 우리의 이야기는 더 자세히 드러났고 더 많은 사람들과 공유할 수 있었다.

우리는 『미즈』에서 듣고 배웠다. 논쟁하고 혁신했다. 그 과정에서 우리 자신의 삶도 바뀌었다. 우리 잡지의 편집회의는 다른 국가의 페미니스트들이 일부러 찾아와 아이디어를 주고 다양한 경험을 나누는 시간이 되었다. 전체적으로 이 일은 최고의 작업이었다.

매주 독자 편지가 수천 통 쏟아졌다. 독자 편지를 읽으며 여론 조사에서 측정하기 이미 오래전부터 사회가 바뀌고 있다는 사실을 직감했다. 이 운동에 동력을 제공한 책들도 출간되어 이 시대를 상징하는 책으로 남았다. 베티 프리단의 『여성의 신비The feminine Mystique』와 함께 로빈 모건의 두 권의 페미니스트 앤솔러지 『자매애는 강하다Sisterhood is powerful』 『자매애는 세계적이다Sisterhood is Global』가 현대 페미니즘 운동을 촉발했다.

『모든 여자는 백인, 모든 흑인은 남자, 그러나 우리는 용감하다All the Women Are White, All the Blacks Are Men, but Some of Us Are Brave』는 제목에서부터 생생한 현실을 포착하고, 여성학의 기초가 되었다. 이 책은 아카샤 글로리아 헐Akasha Gloria Hull, 패트리샤 벨 스콧Patricia Bell Scott 그리고 바버라 스미스Barbara

Smith가 공동 편집했고, 가장 많이 인용된 제목으로 상을 받았다.

수십 년이 지난 지금, 로빈 모건의 명언 "Sisterhood is powerful"은 전 세계 페미니즘 운동의 일부가 되었고 디오르 티셔츠에 프린트되었으며 티셔츠 수익금은 국제 페미니스트 활동에 쓰인다.

나는 강연에서 내 책 제목을 인용했다. 『언어 너머로 이동하기Moving Beyond Words』는 페미니즘 운동가로 전 세계를 여행하던 시절 강연의 마지막 부분이다.

나는 인간의 가능성을 끝까지 탐험하는 용감한 여성들을 만났습니다. 그들을 이끌어줄 역사는 없었지만 자신들의 마음을 무작정 열어 보여줄 수 있는 용기가 있었고, 그 용기는 언어 너머로 이동했습니다.

『발칙한 행동과 일상의 반란Outrageous Acts and Everyday Rebellions』*이란 표현은 관객들과의 시간을 마치고 내가 사회

---

* 한국에서 『남자가 월경을 한다면』과 『일상의 반란』으로 나뉘어 출간되었다.

활동가로서 그들과 한-지금도 지키고 있는-약속에서 나왔다.

약속해주세요. 앞으로 24시간 안에 정의를 위해 발칙한 행동을 한 가지 꼭 한다고요. 간단한 말로도 돼요. "이건 당신이 치워." 혹은 서로의 연봉을 묻는 것처럼 쉽지 않은 일일 수도 있습니다. 여러분이 그렇게만 한다면 나는 다음 두 가지 약속을 하겠습니다. 첫째, 이 세상은 여러분에게 바로 다음 날부터 더 나은 곳이 될 것입니다. 두 번째, 여러분은 앞으로 너무나 멋진 시간을 보내게 될 것입니다. 그때부터 질문은 "내가 발칙한 행동을 하게 될까?"가 아니라 "오늘은 어떤 발칙한 행동을 할까?"가 될 것입니다.

또한 나는 강연장에서 관중석에 앉아 있는 사람들에게 주변에 있는 서너 명과 서로 자기소개를 하라고 한다. 무엇보다 이런 자리에 온 사람들은 비슷한 가치와 관심사를 공유하고 있지 않은가. 그러니 옆 사람에게 무엇에 관심 있고 왜 왔는지, 어떤 일을 하는지, 무엇을 바라는지를 말해보라.

우리는 이 모임에서 새로운 직업, 새로운 동료, 새로운 혁명적인 아이디어 또는 새로운 사랑을 얻어 갈지도 모른다. 어떤 일이 생길지 누가 알겠는가?

지난 몇 년간 나는 이러한 단순한 행동에서 나온 무수한 이야기를 들었다. 최근에는 은퇴한 90세 의사에게서 편지를 받고 깜짝 놀랐다.

나는 고개를 왼쪽으로 돌려 바버라 드렌치 여사에게 인사를 했습니다. 오랜 자선가로 많은 국내외 미국/이스라엘 단체에 참여한 분이죠. 내가 이름을 말하자 바버라도 자기소개를 했고 우리는 동시에 외쳤습니다. 이름 들어봤어요. 안 그래도 제 친구가 우리를 소개해 주려고 했어요.

글로리아, 나머지는 역사입니다. 우리는 곧 데이트를 시작했고 멋지고 흥미진진한 관계 속에서 서로를 지극히 아끼고 사랑하며 살고 있습니다. 우리 둘 다 남편을 먼저 보냈고 남편과도 사랑이 넘치는 결혼 생활을 했어요. 사람들이 우리가 어떻게 만났는지 물으면 항상 이렇게 대답합니다. 글로리아가 우리를 소개시켜줬어요.

일을 하다 보면 우연히 어떤 일이 벌어질지 모르며 앞으로도 이런 일은 무수히 나올 수 있다. 내가 하고 싶은 조언은 단지 이것뿐이다: 당신이 사랑하는 일을 하라.

Don't worry about what you should do, just do whatever you can.

어떤 일을 해야 하는지 고민하지 말고,
그저 할 수 있는 일을 하라.

여성들은 항상 말한다.

"우리는 남자들이 하는 일은 다 할 수 있어요."

하지만 남성들은 이렇게 말하지 않는다.

"우리는 여자들이 하는 일은 다 할 수 있어요."

· · ·

그 남자가 하는 일이 가정이나 일터에서

어떤 방식으로든 무임금이나 저임금 여성의 노동에

기댄다면, 그 남자는 스스로 자유주의자라고도

진보적이라고도 칭할 수 없고, 페어플레이를 지지하는

보수적인 사람이라고도 말할 수 없다.

· · ·

남성과 여성 우리 모두에게 가장 큰 문제는

배우지 않는 것이 아니라

배운 것을 고의적으로 잊는 것이다.

흑인 의사가 있고 의사가 있으며,

여성 소설가가 있고 소설가가 있다.

힘없는 집단에게는 형용사가 붙고,

힘 있는 집단은 보통명사를 가진다.

힘 있는 집단이 힘없는 집단에 대해 아는 것보다,

힘없는 집단이 힘 있는 집단에 대해 훨씬 더

잘 알고 있다. 유색인들은 살아남기 위해

백인을 이해해야만 했다.

여성은 남성을 속속들이 알아야만 했다.

힘 있는 집단만이 힘없는 집단을 미스터리로

간주할 여유가 있다.

MEN ARE LIKED 남자는 이기면
인기가 올라간다.
BETTER WHEN THEY WIN.
WOMEN ARE LIKED 여자는 지면
사랑을 더 받는다.
BETTER WHEN
THEY LOSE.

This is how
the patriarchy is
enforced every day.

이것이 바로 가부장제가 매일 작동하는 방식이다.

음경이나 질이 반드시 필요한 직업은 없다.
모든 직업은 모든 사람에게 열려 있어야 한다.

• • •

언론계는 여성에게
유리 천장이 아니라 유리 상자이다.

• • •

매춘은 역사상 가장 오래된 직업이 아니라,
가장 오래된 억압이다.

한때는 성희롱을 그저 삶이라고 했다.

．．．

한때는 가정 폭력을 그저 삶이라고 했다.
이 문구 안에 어떤 단어도 넣을 수 있다. 여성운동이 용어를
발명해 보이지 않는 것을 보이게 해준 덕분이다. 어떤 현상
이나 상태가 분명하려면 이름을 가져야 한다. 미국의 위대
한 철학자인 수잔 랭거Susanne Langer는 말했다. "무언가에 이
름을 부여한다는 것은 우리가 품을 수 있는 가장 위대하고
생산적인 아이디어다." 가부장제에서 결혼은 여성의 이름을
가져갔고, 평등한 결혼은 여성의 이름을 다시 돌려주고 있
다. 당연한 일이다. 여러분에게 수잔 랭거의 이름이 낯설다
면 그 또한 놀랍지 않다. 그녀의 이름이 스티븐이나 새뮤얼
이 아니기 때문이다. 랭거를 검색해보길.

옛날에 "해방된 여성"은
단지 결혼 전에 섹스를 하고
결혼한 뒤에도 직업을 가진 누군가였다.
이건 결코 해방이 아니다.

• • •

모든 국가에는 그 나라만의 자생적 페미니즘이 있다.
페미니즘은 공산주의, 자본주의 그리고
내가 생각할 수 있는 그 어떤 철학보다
민중적인 사조이고 철학이다.
페미니즘은 여성의 머리와 심장에서 자란다.

• • •

평등한 성별 사회란
성별이라는 단어가 존재하지 않는 사회,
모든 사람이 고유한 자기 자신이 되는 사회이다.

자료에 앞서 사람이 있고,
통계에 앞서 이야기가 있다.

• • •

문제를 직접 경험하는 사람은
문제의 해결책을 알 확률이 가장 높다.

• • •

언론은 현실이 아니다. 현실이 현실이다.
네트워크의 세계는 먼 곳의 소리와 이미지를 어중간하게 보여주지 실제 우리가 있는 곳의 온전한 삶을 보여주지는 못한다. 이제 무엇이 진실인지 말해야 한다. 언론은 현실이 아니다. 현실이 현실이다. 함께 있으며 오감으로 느낄 때만이 서로 공감하고 연민할 수 있다.

DON'T CHANGE WOMEN TO FIT THE WORLD; CHANGE THE WORLD TO FIT WOMEN.

여성을 세상에 맞추어 변화시키지 말라.
세상을 여성에 맞추어 변화시켜라.

당신이 여윳돈을 어디에 쓰는지를 보면
당신이 어디에 가치를 두는지 알 수 있다.

• • •

계획이란 계층을 나타내는 기준이다.
부유한 이들은 몇 세대 이후를 계획할 수 있다.
가난한 이들은 이번 주 토요일 오후에
무엇을 할지 정도만 계획할 뿐이다.

• • •

일반화하려고 하지 말라.
모든 백인 부유층 남성이 똑같지는 않다.

• • •

미국이란 나라는 수백만 명의 배고픈 사람들
가운데에 놓인 거대한 냉동 컵케이크다.

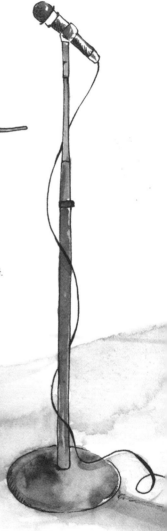

FEEL THE
FEAR —
AND DO IT
ANYWAY.

두려움을
피하지 말고 느껴라.
그리고 도전하라.

누군가에게 의지하고 있다면
당신이 기대는 사람의 승인을 받기 위해
걱정하지 않기가 매우 어렵다.

• • •

여성운동 기획자로
전 세계를 여행하면서 내가 발견한 것은
평범한 사람은 똑똑하고, 똑똑한 사람은 평범하며,
결정은 그 결정에 영향을 받는 사람이 하는 것이
최선이고, 인간은 주변의 기대에
거의 무한정 적응할 수 있는 능력을
가지고 있다는 것이다.

실패보다 더 나쁜 건 시도하지 않는 것이다.
앞으로 살면서 매일매일 이런 말을 떠올린다면
얼마나 슬프겠는가.
"그랬다면 어땠을까?"

. . .

용기는 겁이 없는 것이 아니라
겁내면서도 한 발씩 나아가는 것이다.

. . .

두려움은 성장의 표시이다.

삶의 기술이란

일어난 일을 통제하는 것이 아니라

일어난 일을 최대한 이용하는 것이다.

◆ ◆ ◆

모든 논리에 어긋나는 어떤 일에 끌린다면, 가라.

우주가 당신에게 무언가를 말하고 있다.

◆ ◆ ◆

한계가 발명을 이끈다.

친구들이 말하다

"나는 나다. 흑인 여성이고 전사이고 시인이며 내 일을 한다. 당신에게 묻고 싶다. 당신은 당신의 일을 하고 있는가?"

오드리 로드 Audre Lorde

"나는 탁월함이 인종차별과 성차별을 제지할 수 있는 최고의 방법이라고 믿으며 자랐다. 그리고 그 방식으로 내 인생을 운용해왔다."

오프라 윈프리 Oprah Winfrey

"재능이란 무언가를 오랫동안 즐기다가 결국 잘하게 되는 것이다."

넬 페인터 Nell Painter *

---

* 1942~. 프린스턴대학교 명예교수이자 미국 인종사 전문가

"인종차별의 가장 해롭고 심각한 기능은 우리 안에 동요와 불안을 심는 것이다."

토니 모리슨 Toni Morrison [*]

"나의 할아버지는 두 가지 종류의 사람이 있다고 했다. 직접 일을 하는 사람과 공적을 챙기는 사람. 할아버지는 될 수 있으면 첫 번째 집단에 속하라고 했는데 그쪽이 경쟁이 훨씬 덜하기 때문이다.

인디라 간디 Indira Gandhi [**]

"성희롱은 실제 업무를 성매매의 한 부분으로 만든다. 살아남기 위해 성을 교환해야 하는 절박함, 또는 실제이든 아니든 생존의 위태로움이 전 세계 여성의 불평등을 야기하고 여성의 삶을 좌우한다."

캐서린 매키넌 Catharine MacKinnon [***]

---

[*] 1931~2009, 미국 노벨문학상 수상 작가, 교수
[**] 1917~1984, 인도 최초의 여성 총리
[***] 1946~, 미시간대학 법학전문대학원의 종신교수이자 성희롱 개념을 최초로 정립한 여성학자

We learn from DIFFERENCE, not from sameness.

우리는 같음이 아니라 다름에서 배운다.

Chapter 4

동지와 적 사이에서

나는 아직까지도 감정이란 것이 예측 가능한지, 내가 어떤 사람에게 끌리고 어떤 사람에게 전혀 끌리지 않는지, 어떤 사람이 나를 봐주고 어떤 사람은 나를 몰라보는지 전혀 모르겠다. 다만 그 감정을 느끼는 때만은 안다.

어렸을 때 우리 부모님은 여름 리조트 사업을 하셨고 부모님이 일하러 가실 때면 고등학생 언니들이 집에 와서 나를 돌봐주곤 했다. 한 언니는 자기가 해야 할 일을 착실히 했다. 다른 언니는 우리 부모님이 나갈 때까지 기다렸다가 남자 친구와 춤추러 나갔다.

나는 첫 번째 언니는 그냥 견뎠고 두 번째 언니를 열렬하게 좋아했다. 왜 그랬을까? 그 언니가 창문을 넘어 여름밤으로 사라지기 전에 어떤 귀걸이가 더 잘 어울리는지, 자기가 뿌린 향수가 마음에 드는지 나에게 물어봤기 때문일까. 첫 번째 언니는 나를 다른 아이와 다를 바 없는 아이로 대했다. 두 번째 언니는 언제나 내 의견을 물었다. 그 무엇도 내가 보이고 존중받는다는 느낌을 대신할 수는 없다.

몇 년 전 작사 작곡가이자 가수인 나오미 저드Naomi Judd가 여성의 건강을 주제로 강연하는 행사에 간 적이 있다. 그녀는 공화당 대통령 후보를 지지했고 나는 민주당을 지지했다. 그럼에도 그녀는 사람들 사이에서 나를 찾아내더니 자신의 딸을 한번 만나면 좋겠다고, 서로 잘 통할 것 같다고 말했다.

나는 그녀의 딸인 애슐리 저드Ashley Judd와 함께 점심 식사를 했고, 우리는 그 이후로 계속 친구로, 동지로 지내고 있다. 그녀는 뛰어난 배우일 뿐만 아니라 전 세계에서 인신매매와 여성에 대한 폭력을 반대하는 운동을 적극적으로 펼치는 사회운동가이기도 하다.

우리는 같은 후보를 지지하고 선거 운동에도 나섰다. 그녀의 어머니는 여전히 반대 진영을 지지하지만, 그녀는 다름을 인정하고 존중하기 때문에 우리의 적은 아니다. 특히 다름을 존중하지 않는 지도자들이 전 세계에 있는 한 이런 태도는 무엇보다 중요하다. 이런 존중의 부족이 바로 독재이다.

개개인을 존중하는 건 1초면 충분하다. 지난주 내가 종종 이용하던 공항에서 있었던 일이다. 탑승을 도와주던 직원이 휠체어를 사용할 것인지 묻지 않았다. 내 나이대 탑승객에게 의무적으로 물어야 하는 질문이다. 그녀는 환하게 웃더니 필요하지 않으신 것 같다고 말했다. 돌아올 때 다른 항공사의 직원은 컴퓨터만 들여다보다가 휠체어를 주문했고 도우미까지 나타났다. 다른 사람에게 갔어야 할 아까운 휠체어가 온 것이다. 한 사람에게는 내가 한 개인으로 특성을 가진 인간이었고 다른 사람에게는 그저 집단에 속한 한 명일 뿐이었다.

이런 생활 속 사소한 예를 말하는 건 적과 동지의 차이가 언제나 이슈와 신념에 따라 결정되는 것은 아님을 알려주고 싶어서이다. 결정적인 구분법은 인정이다. 적은 나와 자신의 다른 점을 무조건 무시하거나 비난하고, 동지는 나의 의견에 동의하거나 "나"라는 사람 자체를 용납한다.

물론 다름을 없애야 하는 이유가 없는 것은 아니다. 아마도 그 다름 때문에 자신이 무시당하고 적대시되었을 수도 있다. 그러나 그것은 문제의 일부일 뿐이다.

사회운동을 할 때는 어떤 목표에 대해 뜻을 같이하는 사람들, 그리고 그 일을 어떻게 해야 하는지에 대해 서로 다른 견해를 들으려는 사람들이 모인다. 그러나 가끔은 목표에 동의하는 사람이나 동지임에 틀림없는 사람이 적으로 돌변하기도 한다. 이런 일은 더 큰 상처로 남는다.

격렬한 논쟁이나 강경한 주장에 대해 말하는 것이 아니다. 동기 자체를 의심하거나 모임을 자의적으로 판단하고, 상대의 인격을 조작하여 본질적으로 무효화함으로써 그들의 존재를 부정하고 발전을 저해하는 것에 대해 이야기하고 싶은 것이다.

당신도 이런 경험을 한 적이 있거나 목격한 적이 있다면 정치 과학자이자 페미니스트 활동가인 조 프리먼Jo Freeman의 유명한 에세이 「트래싱trashing」을 읽어보길 바란다. 그녀가 페미니즘 운동 초기에 쓴 에세이이다. 그녀는 우리가 현재 경험하고 있는 적대감은 아무것도 아닐 정도로 고통스러운 일들을 겪었다. 상처받은 사람들이 많았고 치유할 방법은 없었다. 페미니스트 진영 안에서도 한 무리가 떼를 지어 개개인을 극심하게 매도했고 일부 페미니스트들은 개성을 몰살당하기도 했다.

여성의 성공은 제로섬게임이 아니다. 다양한 사람들 속에서 다른 사람들의 성공 사례가 필요하고 그 성공에서 이익을 얻는다는 걸 누구나 안다. 보편적인 상식이다. 물론 인터넷에서의 사이버 폭력과 조리돌림 또한 과거의 직접적인 비난들처럼 고통스럽고, 더구나 말이 퍼지는 속도가 너무 빨라 당혹스럽기도 하다. 하지만 적어도 지금은 고통은 인정되고 근거 없는 비난은 비판받지만, 그때는 누군가 한번 비난의 수렁에 빠지면 헤어나기 힘들었다.

매체와 정도는 달라졌지만 비난하는 의도와 피해자의 상처는 비슷할 것이다. 이 사회가 주입한 위계질서를 내면화하는 한 이 세대의 젊은 여성들도 여전히 성공을 제로섬게임으로 볼 수 있다.

여성운동 초창기에 나보다 먼저 페미니스트 활동가로 정체화한 선배 여성이 처음에는 나를 동지로 여기고 환영했다. 그러다가 어느 순간부터 나를 헐뜯었고 정계로 진출한 여성과 공적으로 페미니즘을 지지하던 다른 몇몇 여성들도

합세해 나를 적대시하기 시작했다. 나는 변하지 않았고 그들도 변하지 않았으나 우리 모두는 점점 유명해지고 대중적인 관심을 받고 있었다. 나보다 나이 많은 여성 리더는 그에 위협을 느꼈던 것이다.

실제 이 선배 여성이 이룬 업적은 굉장히 독보적이었고 어느 누구도 대체하거나 도전할 수 있는 성질의 일이 아니었다. 그러나 그녀는 인정받음이 제로섬게임이라고 믿는 듯했다. 그녀는 그녀 세대와 경험에서 온 의견을 개진하다 상대가 그 의견을 받아들이지 않을 때는 가차 없이 비난했다. 예를 들어 우리가 레즈비언 차별과 저소득 모자의 곤경에 집중하자고 하면 페미니스트 운동의 정치적 입지가 줄어들까 봐 걱정했다. 나는 우리가 조금 늦게 가더라도 모두를 포함해야 한다고 생각했고 내부 분열은 패배라고 믿었다.

점차 다른 사람들도 나와 같은 의견으로 그녀에게 동의하지 않았으나, 그녀는 나에게 하듯 그들을 공격하진 않았다. 그녀는 우리가 함께할 수 있는 일을 모색해보려고 하지 않았다. 대신 언론 매체를 통해 나를 비난했다. 나는 일체 대응하지 않았다.

수년 동안 이어진 반목과 질시 때문에 나는 무척 혼란스럽고 괴로웠다. 일방적인데도 불구하고 언론은 마치 여자들끼리의 싸움이자, 여자의 적은 여자라는 증거처럼 보도했다.

몇 년 후, 한 번도 만나본 적 없는 그녀의 여동생이 나에게 편지를 보냈다. 편지는 아픈 사건도 그 이면의 원인을 이해하고 나면 덜 고통스러울 수 있다는 말로 시작했다. 그리고 무엇 때문에 언니가 그런 행동을 했는지 자신이 아는 대로 설명하고 싶다고 했다. 자매의 어린 시절과 학창 시절에 자신은 언제나 더 예쁜 딸로 불리며 관심을 받았고 이것이 언니의 삶을 망가뜨린 것 같다고 했다. 동생은 이 불공평함을 메꾸기 위해 나름대로 노력했지만 자매의 사이는 개선되지 않았다. 또한 이 여동생은 전통적인 결혼을 선택하고 그 안에서 행복하게 살았고 아마도 그 때문에 언니가 전통적인 결혼 생활을 비판하는 데 더 몰두한 것 같다고 했다.

그녀의 편지가 나에게 말하고 싶은 건 확실했다. 내가 언니의 마음에서 여동생의 자리를 대신했음을 알아주기를 바랐다. 그리고 약간의 위로라도 되길 바란다고 했고 내 노력으로 달라질 수 있는 문제가 아니라고도 했다.

그 편지는 분명 큰 위로가 되었다. 나는 오래도록 그 마음

씀씀이에 감사하고 있다.

과거에 받은 상처가 현재의 관계에 얼마나 피해를 줄 수 있는지 모두 헤아릴 수는 없다. 그저 이 여동생처럼 지금 이 상태에서 이해하려고 최선을 다할 뿐이다. 그 여동생 덕분이다.

물론 위의 예처럼 과거의 트라우마를 반복하는 일이 아주 흔하진 않다. 같은 목표를 공유하는 대부분의 사람들은 동지가 되어 서로의 말을 듣고, 성숙하게 대응하고, 각자 다른 개성을 있는 그대로 존중한다.

그러나 어떤 적들은 여전히 위계가 없으면 불안해한다. 성별, 인종, 계급, 종교처럼 큰 분류 안에서, 혹은 교육 수준이나 외모처럼 개인적인 편견으로 위계를 만들어내기도 한다. 이름표는 본질이 아니라 문화가 만든다. 어떤 집단이 가장 높은 자리에 올라가야 한다는 생각도, 가장 높은 자리가 있어야 한다는 생각도 모두 틀렸다. 2016년 내 나라 미국에서 위계질서의 붕괴에 당황한 3분의 1가량의 국민들이 사회적 변화에 반발했고, 여기에 우리의 변칙적인 선거제도가 더해져 과거로 돌아가겠다고 약속한 대통령이 선출되기도 했다.

사실 역사책에서 배운 역사로 들어가지 말고 인류의 역사 속으로 돌아가보면 원초적인 사회나 삶의 형태는 계단이 아니라 원이었다. 가부장제, 식민주의, 인종주의가 시작할 때부터의 역사가 아닌 인류가 이 지구에 살았던 원시시대부터의 역사를 공부했다면 아마 우리 사회에서 무엇이 가능한가에 대해 완전히 다른 시각을 갖게 되었을지도 모른다.

　다행히 인간은 공감 능력을 갖추고 있다. 그렇지 않다면 인류라는 종은 살아남지 못했을 것이다. 아프거나 괴로워하는 사람을 보면 – 우리는 인터넷만 검색할 줄 아는 것이 아니라 오감이라는 것을 갖고 있다 – 우리 뇌는 친밀감과 애정을 주는 호르몬 옥시토신을 분비한다. 남자이건 여자이건 아기를 안고 있을 때, 다른 사람이 사고를 당하고 도와달라고 달려오는 모습을 볼 때 옥시토신이 분비된다. 이 옥시토신은 반대편을 우리 편으로 바꾸는 힘이 되기도 한다. 당신이 반대편의 말을 듣는다면, 진심으로 듣는다면 아마도 동의할 만한 일을 적어도 한 가지는 발견할 것이다. 그렇지 못하다 해도 마음을 열고 상대편의 관점을 존중하는 과정에서 인간적인 반감은 줄어들 것이다.

같은 공간에 모이게 되면 책에서나 스크린에서는 가능하지 않은 방식으로 서로를 이해하고 공감할 수 있다. 당신이 지금 이 책을 읽고 있어서 진정 기쁘다. 그러나 당신이 책을 내려놓고 적어도 책을 읽은 시간만큼 옆 사람과 대화하고 그들의 이야기를 들으면 좋겠다. 우리는 함께 모여 공감하고, 우리의 생각은 이야기로 만들어진다. 인간이 아무 대가 없이 수천수만 년 동안 모닥불 앞에 모여 앉아 서로의 이야기를 해오지는 않았다.

나는 여행할 때마다 그곳의 어른은 물론 어린이도 어떤 방식으로건 이렇게 말하고 있다고 느낀다. "당신은 나의 윗사람이 아니에요." 우리가 어릴 때부터 수백 번씩 해온 말이 아닐까? 우리는 스스로 독특하다고 느끼면서도 다른 사람과 통한다고 느끼고, 다른 사람이 어떻게 자기를 표현하는지 알고 싶어 하면서 나를 표현하고 싶어 한다. 모든 아기 안에는 이미 한 사람이 있다.

진짜 강적은 우리를 마치 무엇이든 쓸 수 있는 백지처럼 대하는 사람, 인간을 인종, 성별, 욕구에 따라 분류할 수 있다고 생각하는 사람이다. 그들은 독재자일 수도 있고 남의 말에는 귀를 막고 있는 사람일 수도 있으나, 공통점은 자신의 어젠다와 기대라는 폭력적인 압력을 행사하려 한다는 점이다.

사회운동이란 기본적으로 무엇일까? 한때 다른 사람이나 사회가 주입한 관점을 갖고 있었으나 이제는 자신이 태어난 그 고유한 존재로 다시 돌아가려 노력하는 사람들이 하는 일이다. 아무리 생각하고 고민해도 "인종"이란 식민주의의 발명품일 뿐이다. 식민주의는 다른 국가의 침략과 노예제라는 범죄까지 합리화했다.

동지는 가족일 수도 있고 내가 선택한 가족인 친구일 수도 있고, 같은 일을 하는 동료일 수도 있고 이 모든 사람일 수도 있다. 그들은 말하는 만큼 듣고 듣는 만큼 자기 말을 하는 사람이고, 우리가 태어날 때의 그 사람이 되도록 도와주는 사람이다.

그래도 어느 정도의 적을 갖는 것도 나쁘지 않다는 걸 기억하자. 남의 말을 듣지 않거나 독재적인 사람이 당신 편일 때 당신은 지금 무언가를 잘못하고 있음을 알게 될 테니까.

THE WORLD IS DIVIDED
INTO TWO KINDS OF PEOPLE.

이 세상에는 두 종류의 사람이 있다.

THOSE WHO DIVIDE
EVERYTHING
INTO TWO,

모든 것을
둘로 나누는
사람과

AND THOSE WHO DON'T.

그렇지 않은 사람.

페미니즘은 처음에
"억울해"라고 말하는 꼬마 아이의 본능에서
비롯되었다. 그러다가
이 사회의 모든 관습과 위계질서에
문제를 제기하는 세계관이 되었다.

◆ ◆ ◆

가장 밑바닥이 움직여야 전체 계급이 흔들린다.

◆ ◆ ◆

당신이 선 자리는 좁디좁은 감옥일 뿐이다.
이 말은 흑인 참정권 운동가들이 남부의 백인 농장주의 아내
들에게 하는 경고였다.

때때로 산다는 건

오천 마리의 거북이 등에 누워

시스티나성당의 천장화를 그리려

애쓰는 일처럼 느껴진다.

• • •

한 연구 결과에 따르면

여성은 고등교육 기간이 1년씩 늘어날 때마다

지적 능력에 대한 자존감이 점점 낮아진다고 한다.

역사와 학문의 세계 안에서

여성의 부재를 발견하기 때문이다.

• • •

소중하게 여기는 사람들에게 오해를 받는 건

정적들에게 저주받는 것보다 더 괴롭다.

We have to behave
as though everything
we do matters —
because it might.

내가 하는 모든 일이 중요한 것처럼 행동해야 한다.

실제로 그럴 수 있기 때문이다.

목적을 공유하면

위계는 자연스럽게 사라진다.

• • •

모든 여성은

자신을 의존적이게 하는 도움과

독립적으로 만드는 도움이

얼마나 큰 차이가 있는지

구별할 수 있다.

ELEPHANTS ARE NON VIOLENT, THEY'RE MATRILINEAL, VEGETARIAN, THEY HAVE A SENSE OF HUMOR, LONG MEMORIES~ If only we could all be a little more like elephants.

코끼리는 비폭력적이다. 모계사회이며, 채식을 한다.

그리고 유머 감각이 있고, 기억력이 뛰어나다.

우리가 코끼리를 조금 더 닮는다면 얼마나 좋을까.

여성이 남성보다 말이 많다는 연구 결과는
어디에도 없지만 남성이 여성보다 말을 많이 한다는
연구 결과는 굉장히 많다. 그런데
여성이 남성보다 수다스럽다고 여겨지는 것은
여성은 조용해야 한다는 기대치 때문이다.

· · ·

강연자가 말하는 만큼 관객들의 말을 들으면
관객은 파트너가 된다.

· · ·

말을 하는 동안에는 배우지 못한다.
듣는 동안 배운다.

분류하기는 연대의 적이다.

· · ·

공감은 인간이 가질 수 있는
가장 근본적인 감정이다.

· · ·

격식ceremony은
언제나 똑같고 위에서 강제한다.
의식ritual은 인류 보편의 상징을 사용하고
집단에 따라 다르다.

타인이 내 말을 경청하기를 원하면
먼저 타인의 말을 경청해야 한다.

. . .

나는 함께 경험하고 함께 이야기를 나누는
이 마법 같은 일에 깊은 신뢰를 갖고 있다.

. . .

둥그렇게 모여 앉아 이야기하다 보면 아주 단순한
것들이 유용하며, 유용한 것들이 단순하다는 걸
떠올리게 된다. 인간과 인간의 만남은 공기,
음식, 물처럼 생존에 필수 불가결한 요소다.

. . .

둥글게 앉으면 우리는 서로를 바라본다.
올려다보거나 내려다보지 않는다.

FORGET ABOUT APPROVAL. GO FOR RESPECT.

인정받을 생각은 버려라. 존경을 향해 나아가라.

사회 변화를 거부하는 이들이

제일 처음 하는 말:

그건 지금 필요한 게 아니야.

· · ·

언쟁에서 진짜 적수는

공감 능력이 크게 떨어지는 사람이다.

There is no virtue
in being on the same page
if it's the wrong page.

그것이 잘못된 페이지라면,
같은 페이지에 있다는 건 전혀 미덕이 아니다.

당신이 통계를 말하면,

나는 그 통계가 왜 맞는지 설명할 것이다.

우리 두뇌는 팩트와 숫자가 아닌

이야기와 이미지로 이루어져 있다.

· · ·

우리가 얼마나 오랫동안

우리 삶과 반대되는 신화들을

당연하게 받아들였는지 정말 놀랍다.

· · ·

구술사가 역사책보다 정확할 수 있는 이유는

땅을 갈며 살아간 세대들의 경험이 상위 계층 몇몇이

일반화하는 것보다 훨씬 정확하기 때문이다.

146

과거의 영광을 미화하는 모토를 조심하라.

계급사회를 재건하려는 암호이다. 예를 들어보자:

"미국을 다시 위대하게 만들자."

. . .

국립 아메리칸인디언 박물관에서

매우 훌륭한 문구를 듣고 사람들에게 전해주곤 한다.

"역사가 있고 과거가 있지요. 그리고 이 두 가지는

똑같지 않습니다."

. . .

우리가 "역사"라고 알고 있는 것은

실은 역사가 아니다. 다른 말로 풀어보자:

"그것이 남자의 이야기his story이기에

'역사history'로 불릴 뿐이다."

Women have always been an equal part of the past, JUST NOT AN EQUAL PART OF HISTORY.

여성은 과거에 언제나
남성과 동등한 지분을 차지했다.
다만 역사에서 동등한 지분을
차지하지 못했을 뿐이다.

인간은 사회적 동물이다.
교도소의 독방이 고문인 데는 다 이유가 있다.

• • •

첨단 기술은 선물이고 축복이다.
당신이 스크린을 보는 시간만큼 사람들과
함께 지낼 때만 그렇다.

• • •

인간이 성별과 인종을 발명했다.
인간은 그 발명을 취소할 수 있다.

GENDER AND RACE
ARE FICTIONS.
Unique individuals
are truth.

성별과 인종은 픽션이다. 유일한 개인이 진실이다.

생식 능력이라든가

특정 병에 대한 저항력을 제외하곤, 남성과 여성,

인종과 인종 간의 차이보다는

동성과 동일한 인종 안에서의 개인차가 더 크다.

. . .

태초의 언어에는 성별이 없었다.

사람은 그저 사람이었다. 그런데 어떻게

어떤 언어에선 탁자와 의자에까지

남성과 여성을 부여할 정도로 미친 것일까?

. . .

성과 인종의 표식은 권력에 맞서는 문화적 금지 명령,

심지어 개인의 삶을 통제하는 권력까지도 포함한다.

인종주의는 백인들의 문제이다.
여성에 대한 남성의 폭력이 남성의 문제인 것과
마찬가지다.

· · ·

백인 부모는 자녀들을 일부러 다른 동네의 학교,
이 나라 같은 학교에 통학시켜야 한다.
그렇지 않으면 아이들은 모두가 자기들처럼 생기고
자기들처럼 산다고 생각하며 자랄 것이다.

· · ·

인종주의적 제도는
인종을 분리하기 위해서 여성의 자궁과 몸을
통제한다. 인종주의를 철폐하는 것은
모든 여성을 자유롭게 하는 것이며,
여성이 자유로워지면 인종주의도 사라진다.

조심
BEWARE:
DECONSTRUCTION
AHEAD!

앞에 '해체주의'라는
단어가 있어요!

나는 이 안내판을 하버드, 예일, 프린스턴 대학교 앞에 놓아
두어야 한다고 농담하기 시작했다. 왜냐면 내가 만난 수많은
여성들이 이렇게 말하곤 했기 때문이다. "나는 많이 못 배워
서 페미니스트가 될 수 없어요." 세상에서 가장 슬픈 말이다.
학문적인 언어가 이 여성들을 환영하지 않을 수도 있다는 점
에 마음이 아팠다. 여성학은 여성의 삶의 현장에서 비롯되었
고 삶을 이해하는 기초가 되어야만 한다. 계급, 인종, 교육에
상관없이 세상의 모든 여성은 역사, 문학, 흑인 연구, 과학 등
모든 학문에서 절반을 차지해야 한다. 설명이 필요한 어휘가
많다면 학문은 점차 고립되며 소수만을 위한 장르가 된다.

농담처럼 들린다면 사전에서 해체주의deconstruction를 찾아보자. "철학적 비판적 방법론으로 의미, 형이상학적 구조, 계층 반대론이 독단적인 전체성에 지배되고 있다고 주장하는 학문." 자 어떤가?

가장 기본적인 생각의 하나는 누구나 이해할 수 있어야 한다는 것이다. 그래서 나는 경구를 사랑한다. 여성학은 진정으로 재활과 치유의 학문이며 모든 사람에게 접근할 수 있어야 한다.

인정을 갈구하는 것은
여성에게 나타나는 문화적 질병으로,
이는 우리가 잘못 살고 있다는 표시다.

• • •

아직까지도 공직에 진출하는 여성들이
"그 여자"라는 말을 듣지 않을 수 있는
"적절한" 방법은 없다. 다른 말로 하면,
야망이 있는 여성은 독종으로 불린다는 뜻이다.

• • •

남성에게 영향을 미치는 것은
인류의 절반인 여성"에게만" 영향을 미치는 것보다
항상 더 진지하게 여겨진다.

If they call you a bitch, say:

누군가 당신에게
"못된 여자"라 부른다면,
이렇게 말하라.

THANK YOU! 고마워요!

누가 나에게 레즈비언이라고 하면 나는 냉큼 "어머나, 고맙습니다"라고 대답한다. 그 사람의 말은 어떤 사실도 폭로하지 못하고, 말한 당사자를 혼란스럽게 하고, 레즈비언 여성들의 연대감을 고취하고, 보는 사람들을 웃게 만들 뿐이다.

Power CAN BE TAKEN, NOT GIVEN.

힘은 차지하는 것이지 주어지는 것이 아니다.

ONLY TAKING Power GIVES YOU THE STRENGTH TO USE IT.

힘을 가져야 그 힘을 사용할 능력이 생긴다.

Power DOESN'T HAVE TO BE Power OVER, IT CAN BE Power TO DO.

힘은 누군가에게 행사할 것이 아니라, 무언가를 할 수 있는 것이다.

IT'S EASIER TO BLAME THE PERSON WITH LESS Power.

힘없는 사람을 비난하는 건 쉽다.

현재에 인정받고자 하는 집착 즉

여성적인 스타일,

미래를 통제하고 미래에서 살고자 하는 집착 즉

남성적인 스타일은 둘 다 시간 낭비다.

시간이 전부다.

· · ·

여성은 강해야 한다고들 하지만,

강하면 강하다고 처벌을 받는다.

EVIL is OBVIOUS

악은 오직 되돌아볼 때만 선명하게 보인다.

ONLY IN RETROSPECT

페미니즘이 심각한 반대에 직면했다면
조롱받던 때로부터 한 걸음 나아간 것이다.

. . .

우리가 타협하건 싸우건
문제는 언제나 문제로 남아 있다.

. . .

월경이 시작될 즈음, 즉 여성 호르몬이 가장 낮을 때
여성은 이성적이지 않고 감정적이라고 한다.
그렇다면 그 며칠 동안 여성은
남성이 한 달 내내 행동하는 것처럼
행동해야 하는 거 아닌가?

직관을 믿으라.

오리처럼 걷고 오리처럼 꽥꽥대도
당신이 돼지라고 믿으면 돼지다!

신은 디테일에 있을지 모르지만,

여신은 연대에 있다.

. . .

사후 세계가 이승보다 나을 것이라고

믿는 사람보다 위험한 건 없다.

인류 종말을 강조하는 종교는

인류의 종말을 가져오는 핵무기와 닮은꼴이다.

. . .

왜 신은 언제나 지배계급처럼 보일까?

왜 예수는 중동에서 태어났는데 항상 금발에

푸른 눈일까? 신이 백인 남성이어야

백인 남성이 신이 될 수 있기 때문이다.

완벽함은 지루하다 ;

PERFECT IS BORING;

beauty is irregular.

아름다움은 불규칙에 있다.

생각해보면 황당무계한 사기일 뿐이다.

가부장적인 종교는 현재 우리가 믿고 믿은 대로

행동하면 죽은 다음에 보상을 준다고 말한다.

기업들도 은퇴하면 보상을 준다는데 말이다.

• • •

당신이 어떻게 보이든 당신이 하는 말과

멀어지지 않도록 주의하라.

• • •

우리 삶을 결정하는 가장 중대한 인자는

이 세상을 호의적으로 보느냐 적대적으로 보느냐이다.

이 관점은 스스로 만드는 예언이다.

친구들이 말하다

"우리를 갈라놓는 건 차이가 아니다. 차이를 인식하고 받아들이고 축복하는 능력의 부재이다."

오드리 로드 Audre Lorde

"남성이 억압받으면 비극이고 여성이 억압받으면 전통이다."

버나뎃 모살라 Bernadette Mosala[*]

"내가 교회에서 신을 느꼈다면 내가 신을 그곳으로 데리고 갔기 때문일 뿐."

앨리스 워커 Alice Walker

---

[*] 남아공 페미니스트 신학자, 반-아파르트헤이트 활동가

"당신 안에 가부장제가 뿌리내리지 못하게 심장 속까지 반항적으로 만들어라. 파시즘이 당신의 상상력을 요구하지 못하게 정신을 자유롭게 만들어라."

모나 엘타하위 Mona Eltahawy

"당신을 무너뜨리려고 하는 사람들은 당신의 힘을 정확히 알기 때문이다. 당신의 힘을 보지 못해서가 아니라 그 힘이 존재하는 걸 원치 않기 때문이다."

벨 훅스 Bell Hooks

"일반화를 멀리하고, 개별화를 사랑하자."

로빈 모건 Robin Morgan

"억압의 뿌리는 기억 상실이다."

폴라 건 앨런 Paula Gunn Allen*

---

* 1939~2008, 아메리칸 원주민 시인, 소설가, 문학비평가, 사회운동가

Chapter 5

웃음은 가장 멋진 저항

웃음은 모든 감정 중 유일하게 자유로움에서 나온다. 웃음은 인간미와 자유의지의 정수이며 정신의 오르가슴이다. 내가 웃음을 과대평가한다고 생각한다면, 이 사실을 떠올려보라: 웃음은 남이 강요할 수 없는 유일한 감정이다.

사실 인간은 두려움을 가지고 살 수밖에 없지만 이는 장점이기도 하다. 그 덕분에 인류라는 종이 살아남을 수 있었다. 사랑도 어떤 면에서는 강요받는 것일지 모른다. 우리가 누군가에게 오랜 기간 의지한다면, 자신에 대한 사랑과 다른 사람에 대한 사랑이 생존 본능에 따라 얽히기 때문이다. 인질이 인질범에게 심리적으로 의존하고 사랑을 느끼는 스톡홀름 증후군과 같은 의미이다. 요점은 이 사랑이라는 감정 또한 인간의 생존 의지에 대한 반응이라는 것이다.

하지만 웃음은 어떨까? 웃음에는 어떤 전략적 목적도 없다. 웃음은 억지로 강요할 수가 없다. 웃음은 우리가 인간이라는 궁극적인 증거다. 웃음은 무언가를 깨닫는 순간 "아하!" 소리가 저절로 나오듯이 안에서부터 폭발한다.

웃음은 반대되는 두 가지가 충돌하여 느닷없이 제3의 안을 만들어낼 때 터진다. 돌연히 이해의 섬광이 나타날 때, 급소를 찌르는 한 구절이 기존의 모든 것을 바꿀 때, 새로운 가능성이 문틈으로 보일 때, 웃음은 터진다. 아인슈타인의 일화도 유명하다. 그는 면도할 때 특히 조심했는데, 새로운 아이디어가 떠오르면 웃다가 얼굴에 상처를 낼까 봐서다.

웃음은 모든 감정 중에서 전염성이 가장 강하다. 맥박과 혈압이 올라간다. 호흡이 빨라지고 두뇌에 더 많은 산소가 유입된다. 1분의 웃음이 10분의 노 젓기만큼이나 심장 운동에 좋다는 의사의 말도 있다. 웃음은 신체와 정신의 완전한 협응이다.

웃음을 자아내는 말의 힘이 진짜 힘이기 때문에 여성은 그것을 가져서는 안 되었다. 여성 만화가는 상대적으로 드

묽고 새롭다. 여러 연구에서 여성이 남성에게 가장 두려워하는 것은 폭력이지만, 남성이 여성에게 가장 두려워하는 것은 조롱이라고 밝혀주었다.

선거 후보자를 볼 때에도 자기를 낮추며 웃을 수 있는 사람인지를 보아야 한다. 나는 권위주의와 유머 감각은 반비례한다고 확신한다.

이러한 장점들 하나하나는 모두 웃음을 가치 있게 만들기에 충분하다. 그러나 그중에서도 가장 큰 장점은 이것이 아닐까? 웃음은 곧 자유의 증거라는 것. 어떤 사람도, 이 세상 그 누구도 우리를 강제로 웃게 할 수는 없다. 이 정신의 오르가슴을 경험할 때 우리는 진정으로 자유로워진다.

자, 웃음을 하나의 기준으로 사용해보자:

- 웃으면 안 되는 장소는 가능한 멀리하자. 여기에는 필시 종교적인 장소도 포함된다. 웃음의 부재는 문제의 종교가 영적이기보다 정치적이며, 모든 생명체의 경건함보다는 가장 높은 곳에 있는 신의 위계질서를 더 중시함을 보여준다.
- 웃음이 사라진 직장도 가급적 멀리하는 것이 좋다.

일터에서 웃음이 터지는 정도에 따라 어느 정도의 자유가 허용되는지 알 수 있다.

- 웃음이 없는 사교 모임을 멀리하라. 당신이 그 안에서 마음껏 웃을 수 있다면, 당신과 맞는 장소에서 맞는 사람들과 맞는 일을 하고 있다는 뜻이다. 같이 웃으면 그 즉시 유대감이 만들어진다.

세련된 농담이건 스탠드 업 코미디이건 우리를 웃게 만드는 건 무조건 좋은 일이지만 나는 순간적으로 터져나오는 웃음을 특히 사랑한다.

미국 원주민 문화의 오래된 전통에서는 웃음을 트릭스터 trickster라는 장난꾸러기 요정으로 의인화한다. 트릭스터는 남자일 수도 여자일 수도 있고 혹은 남자이자 여자인 영혼으로 어디에든 나타난다. 노골적으로 관중을 웃겨야 하는 궁중 광대나 서커스의 광대와 달리, 트릭스터는 자유롭고 역설적이며 신성한 영역에 침입해 웃음을 자아내는 경계를 넘나드는 존재이다.

미국의 한 원주민 부족은 신성한 공간은 오직 웃음과 기도로만 들어갈 수 있다고 믿었다. 또한 웃을 수 없다면 기도도 할 수 없다고 믿었다. 웃음은 우리가 있어야 할 그곳에 있다는 궁극적 표시다.

여러분이 웃음을 자유로 가는 안내판으로 삼기를 소망한다.

나만 그렇게 생각하는 건지 모르겠는데…

이 생각이 맞는지는 모르겠지만 그래도…

말문을 열 때 이러한 문장들을 절대 사용하지 말자. 이렇게
여성들은 자신이 아는 것을 스스로 부정하기도 한다.

· · ·

종종 왜 결혼을 하지 않았냐는 질문을 받는다.

나의 대답: 감금당한 상태에선 짝짓기가 안 되더라고요.

· · ·

하고 싶은 일이 있다면, 그냥 하라.

살면서 하는 바보짓은 필수 불가결한 일이다.

Never ever give up...

절대로, 절대로 포기하지 말자…

AND DANCE A LITTLE!

중간에 춤은 꼭 추자.

친구들이 말하다

여자에게 남자가 필요한 건 물고기에게 자전거가 필요한 것과 같다.

이리나 던 Irina Dunn

1970년대 이 말을 듣자마자 웃음을 터트렸고 여러 사람들 앞에서 이 말을 되풀이했다. 그뒤 이 말은 내가 만들어낸 문장으로 알려졌고, 나는 인터뷰를 할 때마다 누가 처음 이 말을 했는지 알고 싶다고 했다. 마침내 1994년에 호주 공영 방송국 ABC와의 인터뷰가 원작자의 귀에 들어가게 되었고, 그녀 이리나 던이 나에게 편지를 보내왔다.

이리나 던은 1970년대에 이름은 기억이 안 나는 어떤 철학가의 저서를 읽다가 인상적인 문장이 있어 기록해두었다고 했다.

"인간에게 신이 필요한 건 물고기에게 자전거가 필요한 것과 같다."

당시 페미니즘의 영향을 받은 대학생이던 그녀는 이 문장을 바꾸어보았다. "여자에게 남자가 필요한 건 물고기에게 자전거가 필요한 것과 같다." 그리고 시드니대학교의 두 개의 여자 화장

실 벽에 낙서해두었다. 그곳에서부터 이 말은 삽시간에 퍼져나갔다.

나는 그녀가 처음 본 순간 영감을 얻었다는 그 문구의 저자를 찾고 싶었고, 내가 찾아낸 가장 근접한 인물은 미국 심리학자인 찰스 해리스Charles Harris로 1958년에 이런 말을 남겼다. "남자에게 신앙이 필요한 건 물고기에게 자전거가 필요한 것과 같다."

하지만 원작자를 찾던 과정에서 가장 의미가 컸던 것은 이리나 던에게서 직접 받은 멋진 편지였다. 그녀는 출판, 정치 그리고 환경과 페미니즘 운동에 활발히 참여하고 있었고 뉴사우스웨일스 상원의원으로 당선되기도 했다.

나는 아직도 그 편지를 내 방의 게시판에 꽂아두었다. 언젠가 직접 만날 기회가 있기를 소망한다. 이렇게 경구는 전 세계의 수많은 사람들 사이를 자유로이 여행한다.

"무자비하다는 말을 듣는 남자라면 당신의 직업을 빼앗거나 생명을 빼앗는 남자일 수 있다. 그렇다면 여자는 언제 무자비하다는 말을 들을까. 잠깐 기다려달라고 말할 때다."

말로 토머스Marlo Thomas[*]

---

[*] 1937~, 미국 배우, 제작자, 작가, 사회운동가

"페미니즘은 가부장제를 공포에 떨게 한다."

모나 엘타하위Mona Eltahawy

"웃음은 탄산처럼 톡 쏘는 신성함이다."

앤 라모트Anne Lamott[*]

"남자가 임신할 수 있다면, 낙태는 성찬식이 될 것이다."

여성 택시 운전자

플로 케네디Flo Kennedy와 나는 보스턴의 택시 안에서 플로의 책
『낙태 랩Abortion Rap』에 대해서 이야기하고 있었다. 그때 이 직종
에서는 흔치 않은 나이 많은 아일랜드 여성 운전사가 뒤를 돌아
보더니 이 잊을 수 없는 문장을 말했다. 이 문장은 유명해지면서
포스터와 배너에 새겨졌고 바티칸궁전 근처의 시위에도 등장했
다. 플로를 모르고, 그녀가 구사하는 문장들을 잘 모른다면 당신
은 중요한 것을 놓치고 있는 것이다. 우리는 『미즈』에 "플로린스
케네디 변호사의 언어 호신술"이라는 코너를 만들기도 했다.
그 코너에 올라왔던 문장들을 소개한다.

---

[*] 1954~, 미국 소설가, 진보적 정치 활동가

"억압받는 사람들을 도우려는 건 화상 입은 사람을 두 팔로 감싸 안으려는 것과 같다."

"고민하지 말고 하라!"

"사회운동을 하는 이들이 모두가 똑같은 모습일 필요는 없다. 당신이 기득권층이라면 둘 중 어느 것이 문 앞에 나타나길 바랄까: 한 마리의 사자일까, 오백 마리의 쥐일까?

"진짜로 대담하고 겁 없는 사람은 자신이 지극히 정상이라고 생각한다."

마거릿 애트우드Margaret Atwood[*]

"내가 아는 모든 여성들은 자신이 어느 정도는 무법자라고 느낀다."

메릴린 프렌치Marilyn French[**]

---

[*] 1939~, 캐나다 시인, 소설가, 평론가
[**] 1929~2009, 미국 급진적 페미니스트, 소설가

We don't know what will happen, but we know what we can do.

우리는 무슨 일이 일어날지는 모르지만
우리가 무엇을 할 수 있는지는 안다.

Chapter 6

거리에 나선다는 것

거리에서 시위를 하거나 피켓라인에 서본 적이 있다면, 분명 처음 그 자리에 나간 날을 잊지 못할 것이다. 익명의 시민으로 가득한 도시의 거리를 뚫고 지나가면서, 공중에게 감히 나의 관심을 보이는 것은 무언가 초월적이다.

피켓라인에 처음 선 건 맨해튼의 어느 슈퍼마켓 앞에서였고, 가난한 노동자들이 저임금으로 수확한 포도를 구매하지 말아달라고 호소하고 있었다. 다른 시위자들과 달리 나는 농장 일꾼이 아니었고, 멀뚱하게 서 있는 내가 바보처럼 느껴졌다.

그때 돌로레스 후에르타Dolores Huerta가 왔다. 그녀는 한때 농장 일꾼이었고 지금은 미국 농장 노동자 조합의 교섭 대표로, 우리를 응원하러 온 것이었다. 그녀가 연설한 지 채 몇 분도 지나지 않아 길 한복판은 무대가 되었고, 지나가던 사람들은 멈추어 서서 듣고 응원하고 논쟁하고 관심을 보였다. 그분을 보면서 거리 시위도 예술의 한 형태임을 배웠다. 그러려면 사람들 하나하나를 보아야 하고, 우리 이야기의 한 조각을 불러내어, 사람들이 이 문제를 더 알고 싶고 계속 관심을 기울이게 만들어야 한다.

또한 사람들을 연대하게 하는 슬로건이 필요하다. 우리 슬로건은 "시 세 푸에데 Sí se puede!"이었다. 우리는 할 수 있다! 이 말은 농장 이민 노동자에게서 왔다. 농업은 너무나 중요해서 절대 패배시킬 수 없었고, 일반 노동자를 보호하는 법안은 그들을 피해갔다. 이제 그들은 세 번째 힘에 호소하고 있었다. 소비자들이다. 노동자들이 임금을 제대로 못 받고 수확하는 포도나 다른 농산물을 구매하지 말자고 설득했다.

이 피케팅과 시위가 영향력을 갖기까지 장장 5년이 걸렸지만, 마침내 영농업계 대표들은 농장 노동자들과 협상 테이블에 앉았다. 돌로레스는 "시 세 푸에데!"라고 외치며 미

팅을 시작했다. 우리는 할 수 있다! 그녀는 이전의 적들도 우리에게 동의할 수 있을 거라며 애초에 우리를 이 테이블로 끌고 온 그 힘을 상기시키기도 했다.

몇십 년 뒤, "우리는 할 수 있다Yes, we can!"는 미국 대선에서 버락 오바마의 선거 구호가 되었다. 그는 최초의 아프리칸 아메리칸 대통령으로 선출되었고, 수천 명의 미국 시민들이, 노예의 손으로 건설했다고 할 수 있는, 워싱턴의 국회의사당 앞에 모여 한 목소리로 외쳤다. "우리는 할 수 있다!" 이제 이 문구는 우리에게 너무나 중요한 언어의 일부가 되었다.

거리에서 다른 문구도 만난다. "전쟁이 아니라 사랑을" "검은색은 아름답다" "여성의 인권은 인간의 인권" "이민자들이 미국을 위대하게 만들었다" "흑인의 생명은 소중하다" "사랑은 그저 사랑" 마지막 문구는 결혼이 그저 출산이나 남성과 여성의 결합이라는 관습에 대한 저항이다. 최근에는 매춘과 포르노그래피에 대한 대안으로 다음과 같은 문구가 등장했다. "평등을 에로틱하게Eroticize equality."

이 거리 시위 문구는 티셔츠로 만들어지기도 했다. 에로티카Erotica란 상호적인 성적 쾌락을 나타내며 섹스와 폭력

평등을 에로틱하게

을 구분해주는 단어다. 그리스어로 "사랑"을 의미하는 에로스eros에서 나왔고 성별이 없다. 한편 포르노그래피의 어원은 그리스어 포르네porne로 "여성 성 노예"라는 뜻이다. 이 두 단어는 문이 열린 방과 잠긴 방처럼 완전히 다르다. 성적인 것을 공격성과 억압에서 분리해내지 못하면 에로티카보다는 포르노그래피가 더 난무하는 사회가 될 수밖에 없다.

가끔은 거리 시위 문구들이 저자가 없고 우리의 집단적인 무의식에서 나온 것처럼 느껴지기도 한다. 예를 들어 9·11테러 이후에 사람들 사이에서 돌던 경구는 "우리의 슬픔은 전쟁을 위한 눈물이 아니다!"였다. 보통 망자의 사진이

나 꽃다발 옆에 붙어 있던 이 문구를 나는 울타리에서, 벽에서, 골목에서도 보았다.

그뒤 퍼포먼스 예술가들이 이 문구가 쓰인 포스터를 들고 거리에 조용히 서서 9·11을 기억하곤 했다. 이제 9·11을 추모하러 온 방문객들은 추모비에 새겨져 있는 이 문구를 본다. 그러나 이 말을 정확히 누가 처음 했는지 아는 사람은 없다.

경구의 기원을 알면 의미가 더해지기도 한다. 이를테면 "흑인의 생명은 소중하다" 운동의 창시자들인 세 명의 흑인 여성 페미니스트 얼리샤 가자Alicia Garza, 패트리스 컬러스Patrisse Cullors, 오팔 토메티Opal Tometi는 다음과 같은 조직 원칙을 정리했다. 들어본 적 있거나 수많은 플래카드와 벽에서 보았을 것이다:

1. 사랑으로 이끈다.
2. 자아는 낮추고 영향력은 높인다.
3. 신뢰의 속도로 움직인다.

나는 이들을 보면서 미래를 낙관하게 되는데 이 여성들

은 내 나이의 반 정도밖에 되지 않는데 내가 들어본 것 중에 가장 훌륭한 조직 원칙을 만들어냈다.

당신이 길에서 한번 보자마자 즉시 이해가 가는 강렬한 문구를 발견하거나 직접 만들게 되면 그런 문구를 더 쓰고 싶고 더 찾고 싶어질 것이다. 언어는 군중들 사이를 빛의 속도로 여행하고, 서로 이질적인 사람들을 연결하며, 함께 행동할 수 있도록 격려한다. 1960년대에 징집을 반대하거나 반전운동을 하면 벌금을 내거나, 감옥에 가거나, 벌금형과 감옥형 둘 다 받기도 했다. 이때 젊은 청년들은 한 목소리로 외쳤다. "됐거든. 난 안 가Hell no, I won't go!" 힘의 균형이 바뀌는 소리가 들리는가.

베트남전쟁을 주요 의제로 시카고에서 열린 민주당 컨벤션에서였다. 나는 기마경찰이 평화 시위를 하던 수천 명의 군중들 사이를 뚫고 들어가는 걸 지켜보았다. 다른 구경꾼들은 물론 나도 이제 무력 진압이 시작될 거라고 예상했다. 그러나 시위자들은 자기 자리에 그대로 서서 구호를 외치기 시작했다. "이 거리는 우리의 거리!" 이 구호는 군중이라는 바다 위에 물결처럼 퍼져나갔고 기마경찰은 속도를 낮추더니 그 자리에 멈추었다. 내가 마지막으로 본 장면은, 한 시위자가 말에게 사과를 주자 당혹스러운 표정으로 지켜보던 경찰의 얼굴이었다. 한 목소리로 외치는 언어는 공기를 구성하는 분자까지 바꾸는 것만 같았다.

아마 그래서 거리 집회에 한번 참가한 사람이 자석에 끌린 듯 또 나가게 되는 것인지도 모른다. 반복되는 일상과 익명성을 깨고 들어가 희망을 나누는 이 거리 집회에는 지극히 사랑스럽고 근사한 무언가가 있다.

이제 우리에게는 인터넷이라는 도구가 있고 말을 빠르게 퍼트릴 방법, 거리의 문구들을 온라인에 접속한 다른 사람들과 나눌 수 있는 방법이 있다. 플래시 몹을 떠올려보자. 불특정 다수가 한 명씩 합류해 춤을 추고 노래를 하고 퍼포먼스를 하고 패턴 안에서 움직이고 그러다가 해산한다. 인터넷 덕분에 사회운동은 플래시 몹처럼 쉽고 즐거운 행위가 되었다.

여성이 거리를 차지한다는 것, 그 안에서 말하고 구호를 외치고 노래를 한다는 것 자체가 변화의 증거이기도 하다. 많은 여성들이 아직도 공공장소에 나가기 전에 한 번 더 고민한다. 여성들에게 사람이 많이 모이는 거리는 위험을 의미하고, 텅 빈 거리 또한 다른 종류의 위험을 의미한다. 지난 수십 년 동안 여성들은 "거리를 찾아오자Take back the streets" "밤을 찾아오자Take back the night" 같은 슬로건을 이용하여 성폭력 근절 시위를 했다. 폭력과 성폭행에 관한 모든 통계에서 여성들이 폭력의 위협을 느낄 확률은 남성에 비해 최소 세 배가 높다. 어떤 나라에서는 아직도 남성인 가족이나 보호자의 허가 없이는 외출할 수도 없고 다른 도시나 나라를 방문할 수도 없다. 그러나 아이러니한 것은 통계적으로 여성들은 집 안에서 그들이 아는 남자에게 맞거나 성폭행당하거나 죽임을 당하는 일이 훨씬 많다는 사실이다.

어디가 안전하고 그렇지 않는지를 비교하는 데 시간을 허비하지 말고 어디서든 안전한 환경을 만드는 데 집중하자. 확실한 건 여성들은 다른 여성들 옆에 있거나 가까운 곳에 있을 때 가장 안전하다는 점이다. 그러고 나서 여기에 우리가 믿을 수 있는 남자를 추가할 수 있다.

2017년, 국민의 다수표를 받지 않은 대통령의 취임식 다음 날 여성 행진 대회가 열렸다. 워싱턴에는 전국에서 수많은 시민들이 몰려와 행진이 불가능할 정도였다. 같은 날 미국 전역의 40여 개 대도시와 소도시에서도 여성 행진이 있었다. 이는 미국 역사상 가장 규모가 큰 일일 시위였다. 전 세계 일곱 개 대륙의 81개 나라에서도 이를 지지하는 "여성 행진"이 있었다.

그러나 미국과 전 세계에서 열린 이 모든 집회에서 단 한 건의 폭력도 보고되지 않았다.

이제 거리를 어떻게 되찾아야 하는지 알았으니, 그다음은 말과 투표이다.

바람을 손으로 느끼려 하지 말라.

DON'T HOLD A FINGER
TO THE WIND.

스스로 바람이 되어라.

BECOME THE WIND.

사회운동은 단지 움직이는 사람들로 구성된다.
우리를 둘러싼 사람들의 따뜻함과 움직임을 느끼는 것이
사회운동의 수단이자 목적이다.

. . .

이 모든 건 자유에 관한 일이다.
문이 잠긴 방은 감옥이지만,
문이 열린 바로 그 방은 집이다.
그 문을 여는 게 우리의 일이다.

. . .

사회운동의 과제는
나쁜 것을 좋은 것으로 만드는 일이다.

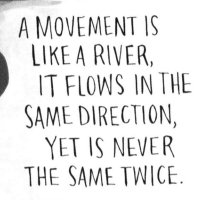

A MOVEMENT IS
LIKE A RIVER,
IT FLOWS IN THE
SAME DIRECTION,
YET IS NEVER
THE SAME TWICE.

마치 강물처럼
사회운동은 한 방향으로
흐르지만 누구도 같은 물에
두 번 발을 담글 수는 없다.

Sometimes,

때론,

PRESSING SEND ISN'T ENOUGH.

'보내기'를 누르는 것만으로는 충분하지 않다.

온라인에서 무한히 정보를 얻고 서로를 찾아낼 수 있게 된
건 정말 멋진 일이지만, "보내기"를 누르는 것만으로는 아무
런 효용이 없을 때도 많다. 인터넷은 훌륭한 선물이고 어쩌
면 물리적으로 안전한 환경 속에서 정보를 접하고 타인과 소
통할 수 있다는 면에서 여성에게 유리한 도구일지도 모른다.
그러나 오감이 함께 작용하는 직접 만남을 대체할 수는 없
다. 서로 만나지 않고 스크린 앞에 앉아 있는 시간이 길어지
면서 슬픔, 고립, 우울증, 자살률까지 증가하고 있으며 특히
젊은 사람들 사이에서 심각한 문제다. 컴퓨터나 핸드폰을 하
는 시간만큼 다른 사람을 만나는 시간이 필요하다.

희망은 계획의 얼굴을 하고 온다.

희망을 갖는 능력에 관해서라면 미국인이 전 세계에서 1등
일 것이다. 어쩌면 우리 중 많은 사람들이 지금보다 열악한
곳에서 도망치거나 탈출했거나, 일견 사실이기도 하고 소설
이기도 한 "기회의 땅"이라는 말을 마음속 깊이 흡수했기 때
문일 수도 있다. 어쩌면 낙관주의란 전염성이 강한 감정이기
때문일 수도 있다. 이유가 무엇이 되었건 내가 미국을 떠나
있을 때 가장 그리워하는 건 이 희망의 기운이다. 이 때문에
나는 집에 오면 기쁘다. 나는 가끔 스스로를 "희망중독자"라
부른다.

페미니즘에는 역사가 있다. 그 역사는 유기적이고
지속 가능한 민주주의의 주춧돌이다.

. . .

헌법의 첫 문장은 "나, 대통령은"으로
시작하지 않는다. "우리, 국민은"으로 시작한다.

. . .

콜럼버스는 원주민을 뭐라고 불렀을까?
평등한 여성!

우리 헌법은 지구상에서 가장 오래된 민주주의를 지속한 이
로쿼이 연맹에 기초하고 있다. 이로쿼이의 민주주의는 여성
과 남성이 평등한 진정한 민주주의였다. 추장은 남성일 수도
있었지만, 여성 연장자들이 선출했다. 벤저민 프랭클린은 이
로쿼이 연맹의 남성 지도자들을 초대해 헌법의 기초를 만드
는 데 조언을 달라고 부탁했는데 초대된 원주민들이 처음 한
질문은 이것이었다고 한다. "그런데 여자들은 어디 있죠?"

I'VE SEEN ENOUGH CHANGE TO KNOW THAT MORE WILL COME.

지금까지 충분히 봐온 만큼,

앞으로 더 많은 변화가 오리라는 걸 잘 안다.

누군가 내게
"이제 저는 무엇을 해야 하죠?"라고
물으면 나는 이렇게 대답한다.
"당신이 할 수 있는 걸 하세요."

. . .

"제도 바깥에서" 일한다는 건 없다.
당신이 가장 효과적으로 일할 수 있는 곳이
어디인지만 생각하면 된다.

. . .

서로 다른 목소리들이
공동의 대의를 위해 뭉쳤을 때,
역사는 이루어진다.

모든 운동은 자신의 이야기를 공유하려는
사람들로부터 시작된다.

• • •

시민권 운동이 남부 흑인 교회의 여러 모임에서
간증하고 말하던 데서 나온 것처럼, 여성운동은
의식 키우기 그룹이라고 부르던 둥그렇게 둘러앉아
이야기하는 모임에서 나왔다. 모임의 한 명이
"나에게 이런 일들이 일어났다"고 고백하면
다른 사람들도 "나에게도 그 일이 일어났다"고 말했다.
그러면서 우리는 미치지 않았고,
혼자가 아니라는 사실을 발견했다.

• • •

여성운동과 시민권 운동과 중국 혁명은 모두 둘러앉아
이야기하는 모임에서 시작되었다.

SECRETS HAVE POWER ONLY AS LONG AS THEY ARE (SECRET).

비밀은 그것이 비밀일 때만 힘이 있다.

모든 사회정의 운동은
사람들이 둥그렇게 둘러앉아 말할 수 없는 것을
말하면서 시작했다. 그리고 그 일이 다른 사람에게도
일어났음을 아는 데서 시작했다.
함께한다면 바꿀 수 있다.

◆ ◆ ◆

세상을 보는 가장 명확한 관점은
언제나 가장 아래에서 나온다.

◆ ◆ ◆

내가 이 세상을 조금 더 나은 곳으로 만드는 데
약간은 기여했다는 생각보다 감격적인 선물은 없다.

미래는 전적으로 우리 각자가
매일 무엇을 하는지에 달려 있다.

· · ·

가끔은 나의 신념이 있는 곳에
나를 데려다 놓아야 한다.

· · ·

우리는 혁명도 하지만 동시에 진화도 한다.

· · ·

혁명 또한 예술처럼 존재하는 것과
이전에 한 번도 존재하지 않던 것이
결합하면서 탄생한다.

여행하지 않고도 여행을 할 수 있고,
여행 중이지만 여행하지 못할 수도 있다.
길 위에 있다는 건 우리 마음의 상태이다.

· · ·

페미니즘은 스스로를 여성이라고 부를 수 있는
모든 인간을 포함한다.
그렇지 않다면 페미니즘이 아니다.

· · ·

페미니즘은 여성에게 일자리를 준 적이 결코 없다.
이 세상의 모든 여성들의 삶을 보다 평등하게
만들어주는 일이다. 여성이 지금 현재 있는 파이에서
한 조각을 더 얻어가는 일이 아니다.
그러기에는 우리 수가 너무 많다.
페미니즘은 새 파이를 굽는 일이다.

내가 전 세계의 여성운동에 대해

딱 한 가지 바라는 일이 있다면,

여성운동이 알코올중독자 익명 모임처럼 되는 것이다.

교회 지하의 예배당이나

학교 체육관이나 마을 우물가에서 이루어지는

크고 작은 모임들을 상상해보자. …

그곳에는 리더도 없고 모두가 자유롭다.

그 모임의 목적은 모두가 자기 주도권을 갖도록

응원하는 것이다.

A FEMINIST IS ANYONE WHO RECOGNIZES THE EQUALITY AND HUMANITY OF ALL PEOPLE.

페미니스트란 모든 인간의 평등과 존엄성을 인정하는 사람이다.

여성에게 페미니스트의 유일한 대안은
마조히스트가 되는 것뿐이다.

• • •

목적은 수단을 정당화하지 않는다.
우리가 이용하는 수단은
우리가 도달할 목표를 지배한다.

• • •

만약 누구나 인간이 가질 수 있는 모든 자질을
갖출 수 있다면, 진보란 우리가 아직 밟아보지 않은
방향으로 가는 것이다. 남자들에겐 소위 여성적인
자질을 발견하고 키워가는 것이 진보이고,
여성들에겐 소위 남성적인 자질을 키워가는 것이
진보이다. 그렇게 하면 우리 모두는
온전한 인간이 될 수 있다.

법과 정의는 언제나 같은 것은 아니다.
이 둘이 같지 않기 때문에 법을 거역하는 건 정의로
가는 첫걸음이 될 수 있다.

. . .

길을 떠나는 것은 생명을 위협하는 비상사태를 만나는
것이자 남녀의 진정한 상호 관계를 경험하는,
현재를 완전히 사는 방법이다.

. . .

자유는 전염성이 있다.

there is
always one
true inner voice:

언제나 진정한 내면의 목소리가 있다.

TRUST
IT.

그 목소리를 믿어라.

친구들이 말하다

"어떤 여성이든 자신의 존재를 정당화하고 검증하기 위해 자기 자신 이상의 것이 필요하다고 느낀다면, 그녀는 이미 자신의 힘을 포기한 것이다."

벨 훅스Bell Hooks

"페미니스트들은 인류 역사상 여성에게 권한을 부여하고 그 권한을 문명의 기초로 삼은 사회가 여태껏 없었다고 너무 쉬이 믿는다. 페미니스트 커뮤니티는 근래까지만 해도 이 대륙에 여권 사회가 엄연히 존재했다는 사실을 인식하지 못하고 불필요한 혼란과 분열을 초래하고 시간을 낭비했다는 점을 인정해야 한다."

폴라 건 앨런Paula Gunn Allen

"안티-흑인이나 안티-여성처럼 모든 형태의 차별은 결국 안티-휴
머니즘과 같다"

셜리 치점 Shirley Chisholm [*]

"침묵은 당신을 지켜주지 못한다."

오드리 로드 Audre Lorde

"화난 여자가 세상을 바꾼다."

한국의 거리에 붙은 문구

"지난 수십 년간의 투쟁이 한 국가가 다른 국가를 지배한 식민주의
에 대항한 것이었다면, 현재와 미래의 투쟁은 한 인종이나 성이 다
른 인종이나 성을 지배하는 내부 식민주의에 대항하는 것일 거다."
"미래의 우리 자손들은 선조들이 피부의 멜라닌이나 눈 모양이나
성별에 대해 그렇게까지 많은 시간과 에너지를 투자했다는 걸 의아
하게 생각할 것이다. 복잡다단한 인간인 우리 자신의 독특한 정체
성을 탐구할 시간에 그런 짓을 하고 있었으니 말이다."

프랭클린 토머스 Franklin Thomas [**]

---

[*] 1924~2005, 미국 정치가, 교육자, 저술가
[**] 1934~, 전 포드재단 CEO, 미국 흑인 사업가

If our dreams
weren't already real
within us, we couldn't
even dream them.

우리의 꿈이 우리 안에 생생하게 살아 있지 않다면,
우리는 그 꿈을 꿀 수도 없다.

내 인생에 멋진 문장을 함께하는 즐거움이 있음을 감사하기 위해서는 먼저 나의 어린 시절로 돌아가야 한다.

나의 심장이 무엇 때문에 뛰는지 알아주고 어린 시절 에드나 세인트 빈센트 밀레이와 도로시 파커의 인용구를 들려준 내 어머니 루스 누네빌러 스타이넘에게 가장 먼저 감사 인사를 드린다. 어머니는 오마르 하이얌(페르시아의 수학자·천문학자·시인)의 글귀로 나의 아침을 깨워주시곤 했다.

일어나라! 어둠의 그릇 속에 있는 아침을 위해
돌 하나 던져 별들을 모두 몰아내니

루바이야트 중

성인이 된 후에야 우리 어머니도 젊은 시절 작가였지만

내가 태어나기 직전에 경력을 포기했음을 알았다. 지금도 얼마나 많은 여성들이 우리 어머니처럼 살고 싶었던 삶에서 멀어졌을까? 그리고 얼마나 많은 아들들이 자신의 아버지의 희망대로 살아가고 있을까? 나는 모든 남녀가 자신의 꿈을 좇을 수 있는 날이 반드시 오길 희망한다.

나는 이 문장들을 통해 운율과 라임이라는 특별한 마법을 배웠다. 음악과 마찬가지로 언어의 운율과 라임은 이해에 상관없이 그 자체로 기쁨을 주기도 한다. 운율과 라임 때문에 우리는 때로는 다른 언어로 쓴 시들을 낭독하고 싶고 래퍼들의 랩 가사의 뜻을 이해하기 위해 다시 한 번 들어야 하지만 그 자체로 마법처럼 느낀다.

이 책은 내가 비주얼 아티스트와 함께한 첫 번째 작업으로 채색 몇 번과 붓질로 세상을 깨우는 서맨사 베이커의 능력에 감탄하곤 했다. 그녀가 언어 너머로 이동하는 걸 지켜보면서 언제나 신기하고 즐거웠다. 시각 디자인과 언어를 조화롭게 정리해준 랜덤하우스의 아트 디렉터인 파올라 페페와 디자이너 시몬 설리번에게 감사한다.

이 책에 실린 명언의 원작자인 내 친구들과 동지들에게 감사하고 그들의 명언이 독자들을 자극하여 자신만의 단어를 찾게 해주길 소망한다. 특별히 나의 오랜 친구이자 강연 파트너인 플로린스 케네디를 추천하고 싶다. 그녀는 마치 이 시대에 필요한 경구들을 창조하기 위해 이 세상에 온 것만 같다. 그녀가 쓴 책이나 그녀에 관한 책을 꼭 찾아 읽어보시길. 이 작가의 말 또한 당신의 언어 호신술에 추가하게 될 것이다. 그녀 덕분에 사회운동가가 할 수 있는 가장 근본적인 일은 누구든 이해할 수 있게 하는 것임을 알게 되었다.

에이미 리처즈와 내가 나누어 쓰는 사무실에서 함께 일하는 멋진 여성들에게 감사한다. 아만다 맥콜, 한나 컬렌, 블레이니 에덴스는 이 모든 경구들의 출처를 확인해주었다. 나의 출판 에이전트인 킴 세플러는 초반부터 꼭 필요한 소중한 조언을 해주었다.

무엇보다 랜덤하우스의 편집자 케이트 메디나는 인내심과 관대함으로 나에게 지속적인 용기를 주었다. 그녀는 비판이 아니라 칭찬으로 작가들을 더 높은 곳으로 이끌어준다. 그녀와 일하는 모든 편집자들 또한 역시 같은 방식으로 일하는데 이 책은 에리카 곤잘레스의 세심한 돌봄 속에서 탄생했다. 이 세상 모든 작가들이 자신의 말과 글을 밖에 내놓을 때 이와 같은 응원과 지지를 받아야만 한다.

이 책의 마지막 장은 공백으로 남겨두었는데 독자들이 직접 쓰거나 찾은 명언을 위한 공간이다. 우리가 종이와 펜을 들고 있건, 컴퓨터 앞에 있건, 거리 한 구석에 있건 우리는 모두 말하는 모임에 속한 말하는 사람들이다.

My Quotes

My Quotes

Quotes I Love

Quotes I Love

지은이 **글로리아 스타이넘**

작가이자 정치 운동가 그리고 페미니스트 전략가이다. 잡지 『뉴욕』, 『미즈』를 창간했고 『길 위의 인생My Life on The Road』, 『언어 너머로 이동하기Moving Beyond Words』, 『셀프 혁명Revolution from Within』, 『발칙한 행동과 일상의 반란Outrageous Acts and Everyday Rebellions』, 『마치 여자가 문제라는 듯As If Women Matter』 등을 펴냈다. 미국 내에서 '전국 여성 정치 회의National Women's Political Caucus', '여성을 위한 재단Ms. Foundation for Women', '프리투비 재단Free to be Foundation', '여성 미디어 센터'를 공동 창립했다. 또 '이제 평등을Equality Now', '기부자 행동Donor Direct Action', '아프리카에 영향을Direct Impact Africa' 등 국내외 조직 창립을 도왔다. 페니 미주리 언론상, 클라리온상, 전미 매거진상, 기자협회 언론 부문 평생 공로상, UN 작가 협회상, 미주리대학 저널리즘 특별상을 수상했다. 1993년 아동학대를 다룬 HBO 다큐멘터리 〈여러 개의 인격: 치명적인 기억을 찾아서Multiful Personalities: The Search of Deadly Memories〉로 에미상을 받았다. 2013년에는 버락 오바마 대통령으로부터 '대통령 자유 메달'을 받았다. 2016년에는 TV 채널 바이스랜드VICELAND에서 전 세계 여성 폭력을 주제로 한 여덟 편의 다큐멘터리를 에이미 리처즈와 공동 제작했다.

gloriasteinem.com
Facebook.com/GloriaSteinem
Twitter: @GloriaSteinem

그린이 **서맨사 디온 베이커**

일러스트레이터 작가이며 아티스트이다. 필라델피아에서 예술가 집안에서 성장했다. 뉴욕의 쿠퍼유니언대학교를 졸업하고 20년 동안 그래픽 디자이너로 일했다. 그녀가 가장 좋아하는 것은 도시 거리 방랑하기, 가족과 여행하기 그리고 자신의 일상, 먹고 보는 것들을 그리는 것이다. 저서로는 『당신의 하루 그리기Draw Your Day』, 『당신의 하루 그리기 스케치북Draw Your Day Sketchbook』이 있다. 브루클린에서 남편과 두 아들과 산다.

sdionbaker.com
Instagram: @sdionbakerdesign

옮긴이 **노지양**

연세대학교 영어영문학과를 졸업하고, KBS와 EBS에서 라디오 작가로 활동
하다 번역가가 되었다. 『나쁜 페미니스트』, 『헝거』, 『싱글 레이디』, 『뷰티풀 젠
더』 등 90여 권의 책을 우리말로 옮겼고, 에세이 『먹고사는 게 전부가 아닌 날
도 있어서』를 썼다.

센 언니, 못된 여자, 잘난 사람
글로리아 스타이넘, 삶과 사랑과 저항을 말하다

초판 발행 2021년 7월 26일

지 은 이   글로리아 스타이넘
그 린 이   서맨사 디온 베이커
옮 긴 이   노지양
펴 낸 이   박해진
펴 낸 곳   도서출판 학고재
등   록   2013년 6월 18일 제2013-000186호
주   소   서울시 마포구 새창로 7(도화동) SNU장학빌딩 17층
전   화   02-745-1722(편집) 070-7404-2810(마케팅)
팩   스   02-3210-2775
전자우편   hakgojae@gmail.com
페이스북   www.facebook.com/hakgojae

ISBN 978-89-5625-435-7 03330